Die Due Diligence im Spannungsfeld zwischen Gesellschafts- und Aktionärsinteressen

AF816557

Europäische Hochschulschriften
Publications Universitaires Européennes
European University Studies

Reihe II
Rechtswissenschaft

Série II Series II
Droit
Law

Bd./Vol. 3537

PETER LANG
Frankfurt am Main · Berlin · Bern · Bruxelles · New York · Oxford · Wien

Michael Krömker

# Die Due Diligence im Spannungsfeld zwischen Gesellschafts- und Aktionärsinteressen

## Ein Beitrag zur Offenbarungsbefugnis des Vorstands und zum Offenbarungsanspruch eines Paketaktionärs zum Zwecke der Due Diligence vor einem Unternehmenskauf

PETER LANG
Europäischer Verlag der Wissenschaften

Die Deutsche Bibliothek - CIP-Einheitsaufnahme

Krömker, Michael:

Die Due Diligence im Spannungsfeld zwischen Gesellschafts- und Aktionärsinteressen : ein Beitrag zur Offenbarungsbefugnis des Vorstands und zum Offenbarungsanspruch eines Paketaktionärs zum Zwecke der Due Diligence vor einem Unternehmenskauf / Michael Krömker. - Frankfurt am Main ; Berlin ; Bern ; Bruxelles ; New York ; Oxford ; Wien : Lang, 2002
(Europäische Hochschulschriften : Reihe 2, Rechtswissenschaft ; Bd. 3537)
Zugl.: Köln, Univ., Diss., 2002
ISBN 3-631-50349-0

D 38
ISSN 0531-7312
ISBN 3-631-50349-0

© Peter Lang GmbH
Europäischer Verlag der Wissenschaften
Frankfurt am Main 2002
Alle Rechte vorbehalten.

Das Werk einschließlich aller seiner Teile ist urheberrechtlich geschützt. Jede Verwertung außerhalb der engen Grenzen des Urheberrechtsgesetzes ist ohne Zustimmung des Verlages unzulässig und strafbar. Das gilt insbesondere für Vervielfältigungen, Übersetzungen, Mikroverfilmungen und die Einspeicherung und Verarbeitung in elektronischen Systemen.

www.peterlang.de

# VORWORT

Die vorliegende Arbeit wurde im Sommersemester 2002 von der Rechtswissenschaftlichen Fakultät der Universität zu Köln als Dissertation angenommen.

Mein Dank gilt vor allem Frau Prof. Dr. Barbara Grunewald für die Betreuung der Dissertation. Sie hat das Thema angeregt und mich dazu ermutigt, von der gängigen Lehrmeinung abweichende Ideen auch tatsächlich zu vertreten. Während der knapp anderthalb Jahre dauernden Erstellung der Dissertation war sie jederzeit – auch kurzfristig – ansprechbar und hat mich mit wertvollen Anregungen unterstützt.

Ferner bedanke ich mich bei Frau Prof. Dr. Barbara Dauner-Lieb für die schnelle Erstellung des Zweitgutachtens.

Dank sagen möchte ich auch allen Freunden und Bekannten, die mir mit Rat und Hilfe zur Seite gestanden haben. Schließlich danke ich meinem Vater und meiner Mutter. Sie haben mich während meines Studiums und meiner Promotion in jeder Hinsicht unterstützt.

Köln, im August 2002 Michael Krömker

# Inhaltsverzeichnis

## Teil 3

## Zusammenschau: Offenbarungsbefugnis des Vorstands *neben* dem Informationsanspruch des Aktionärs?



## Gesamtergebnis

# LITERATURVERZEICHNIS


Assmann, Heinz-Dieter/ Schneider, Uwe H. — Wertpapierhandelsgesetz, Kommentar, 2. Auflage, Köln 1999 (zitiert: *Bearbeiter*, in: Assmann/Schneider)

Barthelmeß, Stephan/ Braun, Yvonne — „Zulässigkeit schuldrechtlicher Verfügungsbeschränkungen über Aktien zugunsten der Aktiengesellschaft" in: AG 2000, S. 172 ff.

Baumbach, Adolf/ Hueck, Alfred — GmbH-Gesetz, Kommentar, 17. Auflage, München 2000 (zitiert: *Baumbach/Hueck*)

Baums, Philipp — „Der Ausschluss von Minderheitsaktionären nach §§ 327a ff. AktG n. F." in: WM 2001, S. 1843 ff.

Beisel, Wilhelm/ Klumpp, Hans-Hermann — Der Unternehmenskauf: Gesamtdarstellung der zivil- und steuerrechtlichen Vorgänge einschließlich gesellschafts-, arbeits- und kartellrechtlicher Fragen bei der Übertragung eines Unternehmens, 3. Auflage, München 1996 (zitiert: *Beisel/Klumpp*)

Bihr, Dietrich — „Due Diligence: Geschäftsorgane im Spannungsfeld zwischen Gesellschafts- und Gesellschafterinteressen" in: BB 1998, S. 1198 ff.

Bremer, Jürgen — „Herausgabe von Informationen im Rahmen einer Due Diligence" in: GmbHR 2000, S. 176 ff.

Dauner-Lieb, Barbara/ Thiessen, Jan — „Garantiebeschränkungen in Unternehmenskaufverträgen nach der Schuldrechtsreform" in: ZIP 2002, S. 108 ff.

Decher, Christian E. — „Information im Konzern und Aufsichtsrecht der Aktionäre gem. § 131 Abs. 4 AktG" in: ZHR 158 (1994), S. 473 ff.

| | |
|---|---|
| Dehmer, Hans | Umwandlungsgesetz/Umwandlungssteuergesetz, Kommentar, 2. Auflage, München 1996 (zitiert: *Dehmer*) |
| Dietl, Clara-Erika/ Lorenz, Egon | Wörterbuch für Recht, Wirtschaft und Politik, mit erläuternden und rechtsvergleichenden Kommentaren, Teil I, Englisch-Deutsch, 6. Auflage, München 2000 (zitiert: *Dietl/Lorenz*) |
| Emmerich, Volker/ Habersack, Mathias | Aktien- und GmbH-Konzernrecht, Kommentar, 2. Auflage, München 2001 (zitiert: *Bearbeiter*, in: Emmerich/Habersack) |
| Geibel, Stephan/ Süßmann, Rainer | Wertpapiererwerbs- und Übernahmegesetz (WpÜG), Kommentar, München 2002 (zitiert: *Bearbeiter*, in: Geibel/Süßmann) |
| Geßler, Ernst/ Hefermehl, Wolfgang | Aktiengesetz, Kommentar, München 1973-1994 (zitiert: *Bearbeiter*, in: Geßler/Hefermehl) |
| Götze, Cornelius | „Ad-hoc-Publizitätspflicht bei Zulassung einer Due Diligence durch den AG-Vorstand?" in: BB 1998, S. 2326 ff. |
| ders. | „Auskunftserteilung durch den GmbH-Geschäftsführer im Rahmen der Due Diligence beim Beteiligungserwerb" in: ZGR 1999, S. 202 ff. |
| Godin, Reinhard Freiherr von/ Wilhelmi, Hans | Aktiengesetz, Kommentar, 4. Auflage, Berlin, New York 1971 (zitiert: *v. Godin/Wilhelmi*) |
| Gronstedt, Sebastian/ Jörgens, Stefan | „Die Gewährleistungshaftung bei Unternehmenskaufverträgen nach dem neuen Schuldrecht" in: ZIP 2002, S. 52 ff. |
| Groß, Wolfgang | „Informations- und Auskunftsrecht des Aktionärs" in: AG 1997, S. 97 ff. |

| | |
|---|---|
| ders. | „Vorbereitung und Durchführung von Hauptversammlungsbeschlüssen zu Erwerb oder Veräußerung von Unternehmensbeteiligungen"<br>AG 1996, S. 111 ff. |
| Großfeld, Bernhard | „Bewertung von Anteilen an Unternehmen"<br>in: JZ 1981, S. 769 ff. |
| Großkommentar... | ... zum Aktiengesetz,<br>(Hrsg.: Klaus J. Hopt, Herbert Wiedemann)<br>4. Auflage, Berlin, New York seit 1992<br>(zitiert: *Bearbeiter*, in: Großkomm.) |
| Grunewald, Barbara | Gesellschaftsrecht,<br>4. Auflage, Tübingen 2000<br>(zitiert: *Grunewald*, GesR) |
| dies. | „Austrittsrechte als Folge von Mischverschmelzungen und Verfügungsbeschränkungen (§ 29 UmwG)"<br>in: Verantwortung und Gestaltung, Festschrift für Karlheinz Boujung zum 65. Geburtstag<br>(Hrsg.: Carsten Thomas Ebenroth, Dieter Hesselberger, Manfred Eberhard Rinne)<br>München 1996<br>(zitiert: *Grunewald*, in: FS Boujong) |
| dies. | „Das Recht zum Austritt aus der Aktiengesellschaft"<br>in: Festschrift für Carsten Peter Claussen zum 70. Geburtstag<br>(Hrsg.: Klaus-Peter Martens, Harm Peter Westermann, Wolfgang Zöllner)<br>Berlin, Bonn, München 1997<br>(zitiert: *Grunewald*, in: FS Claussen) |
| dies. | „Einsichts- und Auskunftsrecht des GmbH-Gesellschafters nach neuem Recht"<br>in: ZHR 146 (1982), S. 211 ff. |
| dies. | „Die neue Squeeze-out-Regelung"<br>in: ZIP 2002, S. 18 ff. |

| | |
|---|---|
| Haarmann, Wilhelm/ Riehmer, Klaus/ Schüppen, Matthias | Öffentliche Übernahmeangebote, Kommentar zum Wertpapiererwerbs- und Übernahmegesetz, Heidelberg 2002 (zitiert: *Bearbeiter*, in: Haarmann/Riehmer/ Schüppen) |
| Hachenburg, Max | GmbHG, Großkommentar (Hrsg.: Peter Ulmer) 8. Auflage, Berlin, New York 1992-1997 (zitiert: *Bearbeiter*, in: Hachenburg) |
| Hansen, Herbert | „Der Finanzplatz Deutschland im Wandel", in: AG 2002, S. R 75 f. |
| Harbarth, Stephan | „Kontrollerlangung und Pflichtangebot" in: ZIP 2002, S. 321 ff. |
| Harrer, Herbert | „Die Bedeutung der Due Diligence bei der Vorbereitung eines Unternehmenskaufs" in: DStR 1993, S. 1673 ff. |
| Henn, Günter | „Die Gleichstellung der Aktionäre in Theorie und Praxis" in: AG 1985, S. 240 ff. |
| Henze, Hartwig | „Pünktlich zur Hauptversammlungssaison: Ein Rechtsprechungsüberblick zu Informations- und Auskunftsrechten" in: BB 2002, S. 893 ff. |
| Holzapfel, Reinhard/ Pöllath, Reinhard | Unternehmenskauf in Recht und Praxis: rechtliche und steuerliche Aspekte, 9. Auflage, Köln 2000 (zitiert: *Holzapfel/Pöllath*) |
| Hüffer, Uwe | Aktiengesetz, Kommentar, 5. Auflage, München 2002 (zitiert: *Hüffer*) |
| ders. | „Minderheitsbeteiligungen als Gegenstand aktienrechtlicher Auskunftsbegehren", in: ZIP 1996, S. 401 ff. |
| Immenga, Ulrich | „Vertragliche Vinkulierung von Aktien?" in: AG 1992, S. 79 ff. |

Joussen, Peter
„Der Auskunftsanspruch des Aktionärs - Versuch einer Neuorientierung“
in: AG 2000, S. 241 ff.

Junge, Werner
„Das Unternehmensinteresse“
in: Festschrift für Ernst von Caemmerer zum 70. Geburtstag (Hrsg.: Hans Claudius Ficker u.a.)
Tübingen 1978,
(zitiert: *Junge*, in: FS Caemmerer)

Kiethe, Kurt
„Vorstandshaftung auf Grund fehlerhafter Due Diligence beim Unternehmenskauf“
in: NZG 1999, S. 976 ff.

Kittner, Michael
„Unternehmensverfassung und Information – Die Schweigepflicht von Aufsichtsratsmitgliedern“
in: ZHR 136 (1972), S. 208 ff.

Knott, Hermann J.
„Unternehmenskauf nach der Schuldrechtsreform“
in: NZG 2002, S. 249 ff.

Kölner Kommentar...
... zum Aktiengesetz,
(Hrsg.: Wolfgang Zöllner)
2. Auflage Köln, Berlin, Bonn, München seit 1987
(zitiert: *Bearbeiter*, in: Kölner Komm.)

Körber, Torsten
„Geschäftsleitung der Zielgesellschaft und due diligence bei Paketerwerb und Unternehmenskauf“
in: NZG 2002, S. 263 ff.

Krieger, Gerd
„Squeeze-Out nach neuem Recht: Überblick und Zweifelsfragen“
in: BB 2002, S. 53 ff.

Kropff, Bruno
Aktiengesetz,
Textausgabe des Aktiengesetzes vom 6.9.1995 mit Begründung des Regierungsentwurfs und Bericht des Rechtsausschusses des Deutschen Bundestags,
Düsseldorf 1965
(zitiert: RegBegr bei: *Kropff*)

Kullmann, Walburga/ Aerssen, Rick van
„Neuer Markt und EASDAQ – Ein Vergleich der Zulassungsvoraussetzungen und Zulassungsfolgepflichten“
in: ZBB 2000, S. 10 ff.

Kusserow, Berthold/ Dittrich, Dirk — „Die Begebung von High-Yield-Anleihen unter deutschem Recht“ in: WM 2000, S. 745 ff.

Kußmaul, Heinz/ Richter, Lutz — „Betriebswirtschaftliche Aspekte von Venture Capital Gesellschaften und ihre Bedeutung im Hinblick auf Existenzgründungen“ in: DStR 2000, S. 1155 ff.

Larenz, Karl — Methodenlehre der Rechtswissenschaft, 6. Auflage, Berlin, Heidelberg, New York u.a. 1991 (zitiert: *Larenz*, Methodenlehre)

Linker, Anja Celina/ Zinger, Georg — „Rechte und Pflichten der Organe einer Aktiengesellschaft bei der Weitergabe vertraulicher Unternehmensinformationen“ in: NZG 2002, S. 497 ff.

Loges, Rainer — „Der Einfluß der 'Due Diligence' auf die Rechtsstellung des Käufers eine Unternehmens“ in: DB 1997, S. 965 ff.

Lutter, Marcus — „Due Diligence des Erwerbers beim Kauf einer Beteiligung“ in: ZIP 1997, S. 613 ff.

ders. — „Treupflichten und ihre Anwendungsprobleme“, in: ZHR 162 (1998), S: 164 ff.

ders. — Information und Vertraulichkeit im Aufsichtsrat, Köln, Berlin, Bonn, München 1979 (zitiert: *Lutter*, Information und Vertraulichkeit)

ders. — Der Letter of Intent: Zur rechtlichen Bedeutung von Absichtserklärungen, 3. Aufl., Köln, Berlin, Bonn, München 1998 (zitiert: *Lutter*, LoI)

ders. — Umwandlungsgesetz, Kommentar 2. Auflage, Köln 2000 (zitiert: *Bearbeiter*, in: Lutter, UmwG)

Lutter, Marcus/ Hommelhoff, Peter — GmbH-Gesetz, Kommentar, 15. Auflage, Köln 2000 (zitiert: *Lutter/Hommelhoff*)

Lutter, Marcus/ Krieger, Gerd — Rechte und Pflichten des Aufsichtsrats, 3. Auflage, Freiburg 1993 (zitiert: *Lutter/Krieger*)

Maier-Reimer, Georg — „Verhaltenspflichten des Vorstandes der Zielgesellschaft bei feindlichen Übernahmen" in: ZHR 165 (2001), S. 258 ff.

Maunz, Theodor/ Dürig, Günter — Kommentar zum Grundgesetz, Loseblatt, München, Stand Juli 2001, (zitiert: *Bearbeiter*, in: Maunz/Dürig)

Meincke, Eberhard — „Geheimhaltungspflichten im Wirtschaftsrecht" in: WM 1998, S. 749 ff.

Merkt, Hanno — „Rechtliche Bedeutung der 'due diligence' beim Unternehmenskauf" in: WiB 1996, S. 145 ff.

Mertens, Kai — „Die Information des Erwerbers einer wesentlichen Unternehmensbeteiligung an einer Aktiengesellschaft durch deren Vorstand" in: AG 1997, S. 541 ff.

Meyer-Landrut, Joachim — „Die Verschwiegenheitspflicht amtierender und ausgeschiedener Vorstands- und Aufsichtsratsmitglieder" in: AG 1964, S. 326 ff.

Mülbert, Peter O. — „Shareholder Value aus rechtlicher Sicht" in: ZGR 1997, 129 (156 ff.)

Müller, Klaus J. — „Gestattung der Due Diligence durch den Vorstand der Aktiengesellschaft" in: NJW 2000, S. 3452 ff.

Münchener Handbuch... — ... des Gesellschaftsrechts, Band 4: Aktiengesellschaft, (Hrsg.: Michael Hoffmann-Becking) 2. Auflage, München 1999 (zitiert: *Bearbeiter*, in: MünchHdb AG)

Münchener Kommentar... ... zum Bürgerlichen Gesetzbuch,
(Hrsg.: Kurt Rebmann, Franz Jürgen Säcker, Roland Rixecker)
3. Auflage, München seit 1993
(zitiert: *Bearbeiter*, in: MüKo BGB)

Münchener Kommentar... ... zum Aktiengesetz,
(Hrsg.: Bruno Kropff und Johannes Semler)
2. Auflage des *Geßler/Hefermehl*,
München seit 2000
(zitiert: *Bearbeiter*, in: MüKo AktG)

Münchener Kommentar... ... zum Handelsgesetzbuch,
(Hrsg.: Karsten Schmidt)
München seit 1996
(zitiert: *Bearbeiter*, in: MüKo HGB)

Otto, Hans Jochen „Gebundene Aktien: Vertragliche Beschränkungen der Ausübung und Übertragbarkeit von Mitgliedschaftsrechten zugunsten der AG"
in: AG 1991, S. 369 ff.

Palandt, Otto Bürgerliches Gesetzbuch, Kommentar,
60. Auflage, München 2001
(zitiert: *Bearbeiter*, in: Palandt)

Pfeifer, Axel „Venture Capital als Finanzierungs- und Beteiligungsinstrument, Im Blickpunkt: Begriffe, Beteiligte, Ablauf und Vertragsgestaltung"
in: BB 1999, S. 1665 ff.

Picot, Gerhard Handbuch Mergers & Acquisitions,
Planung, Durchführung, Integration,
Stuttgart 2000
(zitiert: *Bearbeiter*, in Picot, Handbuch M&A)

ders. Unternehmenskauf und Restrukturierung,
2. Auflage, München 1998
(zitiert: *Picot*, U&R)

Pieroth, Bodo/
Schlink, Bernhard Grundrechte, Staatsrecht II,
14. Auflage, Heidelberg 1998
(zitiert: *Pieroth/Schlink*)

| | |
|---|---|
| Raiser, Thomas | „Das Unternehmensinteresse"<br>in: Festschrift für Reimer Schmidt<br>(Hrsg.: Fritz Reichert-Facilides u.a.)<br>Karlsruhe 1976<br>(zitiert: *Raiser*, in: FS R. Schmidt) |
| Roschmann, Christian/<br>Frey, Johannes | „Geheimhaltungsverpflichtungen der Vorstandmitglieder von Aktiengesellschaften bei Unternehmenskäufen"<br>in: AG 1996, S. 449 ff. |
| Seibert, Ulrich/<br>Kiem, Roger | Handbuch der kleinen AG,<br>4. Auflage, Köln 2000<br>(zitiert: *Seibert/Kiem*) |
| Seibt, Christoph H./<br>Raschke, Thorsten/<br>Reiche, Felix | „Rechtsfragen der Haftungsbegrenzung bei Garantien (§ 444 BGB n. F.) und M&A-Transaktionen"<br>in: NZG 2002, S. 256 ff. |
| Schlegelberger, Franz | Handelsgesetzbuch, Kommentar<br>2. Auflage, München seit 1973<br>(zitiert: *Bearbeiter*, in: Schlegelberger) |
| Schmidt, Karsten | Informationsrechte in Gesellschaften und Verbänden – Ein Beitrag zur gesellschaftsrechtlichen Institutionenbildung,<br>Heidelberg 1984<br>(zitiert: *K. Schmidt*, Informationsrechte) |
| ders. | Gesellschaftsrecht,<br>3. Auflage, Köln, Berlin, Bonn, München 1997<br>(zitiert: *K. Schmidt*, GesR) |
| Schmidt-Bleibtreu, Bruno/<br>Klein, Franz | Kommentar zum Grundgesetz,<br>9. Auflage, Neuwied, Kriftel 1999<br>(zitiert: *Bearbeiter*, in: Schmidt-Bleibtreu/Klein) |
| Schmidt-Diemitz, Rolf | „Pakethandel und das Weitergabeverbot von Insiderwissen"<br>in: DB 1996, S. 1809 ff. |
| Schockenhoff, Martin | „Informationsrechte der HV bei Veräußerung eines Tochterunternehmens"<br>in: NZG 2001, S. 921 ff. |

| | |
|---|---|
| Scholz, Franz | Kommentar zum GmbH-Gesetz,<br>9. Auflage, Köln 2000<br>(zitiert: *Bearbeiter*, in: Scholz) |
| Schroeder, Ulrich | „Darf der Vorstand der Aktiengesellschaft dem Aktienkäufer eine Due Diligence gestatten?"<br>in: DB 1997, S. 2161 ff. |
| Schwark, Eberhard | Börsengesetz, Kommentar,<br>2. Auflage, München 1994<br>(zitiert: *Schwark*) |
| Sinewe, Patrick | „Die Relevanz des Börsenkurses im Rahmen des § 255 II AktG"<br>in: NZG 2002, S. 314 ff. |
| Soergel, Hans Theodor | Bürgerliches Gesetzbuch mit Einführungsgesetz und Nebengesetzen, Kommentar,<br>12. Auflage, Stuttgart, Berlin, Köln, seit 1987<br>(zitiert: *Bearbeiter*, in: Soergel) |
| Spieker, Wolfgang | „Die Verschwiegenheitspflicht der Aufsichtsratsmitglieder"<br>in: NJW 1965, S. 1937 ff. |
| Steinmeyer, Roland/<br>Häger, Michael | WpÜG – Kommentar zum Wertpapiererwerbs- und Übernahmegesetz mit Erläuterungen zum Minderheitenausschluss nach §§ 327a ff. AktG<br>Berlin, Bielefeld, München 2002<br>(zitiert: *Steinmeyer/Häger*) |
| Stoffels, Markus | „Grenzen der Informationsweitergabe durch den Vorstand einer Aktiengesellschaft im Rahmen einer ‚Due Diligence' "<br>in: ZHR 165 (2001), S. 362 ff. |
| Thoma, Georg F. | „Das Wertpapiererwerbs- und Übernahmegesetz im Überblick"<br>in: NZG 2002, S. 105 ff. |

| | |
|---|---|
| Treeck, Joachim | „Die Offenbarung von Unternehmensinterna durch den Vorstand einer Aktiengesellschaft im Rahmen einer Due Diligence"<br>in: Festschrift für Wolfgang Fikentscher zum 70. Geburtstag (Hrsg.: Bernhard Großfeld),<br>Tübingen 1998<br>(zitiert: *Treeck*, in: FS Fikentscher) |
| Wegmann, Jürgen/<br>Koch, Wolfgang | „Due Diligence - Unternehmensanalyse durch externe Gutachter"<br>in: DStR 2000, S. 1027 ff. |
| Weimann, Stephan | „Insiderrechtliche Aspekte des Anteilserwerbs"<br>in: DStR 1998, S. 1556 ff. |
| Werner, Rüdiger | „Haftungsrisiken bei Unternehmensakquisitionen": die Pflicht der Vorstandes zur Due Diligence"<br>in: ZIP 2000, S. 989 ff. |
| Werner, Winfried | „Zur Treuepflicht des Kleinaktionärs"<br>in: Unternehmen und Unternehmensführung im Recht, Festschrift für Johannes Semler zum 70. Geburtstag (Hrsg.: Marcus Bierich, Peter Hommelhoff, Bruno Kropff),<br>Berlin, New York 1993<br>(zitiert: *Werner*, in: FS Semler) |
| Westphalen, Friedrich Graf von | „ ‚Garantien' bei Lieferungen von Maschinen und Anlagen – Todesstoß für Haftungsbegrenzungen durch §§ 444, 639 BGB"<br>in: ZIP 2002, S. 545 ff. |
| Wiedemann, Herbert | Gesellschaftsrecht,<br>Band I, Grundlagen,<br>München 1980<br>(zitiert: *Wiedemann*) |
| Winter, Martin/<br>Harbarth, Stephan | „Verhaltenspflichten von Vorstand und Aufsichtsrat der Zielgesellschaft bei feindlichen Übernahmeangeboten nach dem WpÜG"<br>in: ZIP 2002, S. 1 ff. |
| Winterstetter, Bernhard/<br>Paukstadt, Maik/<br>Hegmann, Gerd/<br>Wonnemann, Ole | „Going Public: Börseneinführung mittelständischer Unternehmen und ihre Emissionsbegleiter"<br>in: DStR 2000, S. 1322 ff. |

Ziegler, Ole „‚Due Diligence' im Spannungsfeld zur Geheimhaltungspflicht von Geschäftsführern und Gesellschaftern"
in: DStR 2000, S. 249 ff.

Ziemons, Hildegard „Die Weitergabe von Unternehmensinterna an Dritte durch den Vorstand einer Aktiengesellschaft"
in: AG 1999, S. 492 ff.


**Abkürzungen:**

Die in dieser Untersuchung verwendeten Abkürzungen orientieren sich an:


Kirchner, Hildebert Abkürzungsverzeichnis der Rechtssprache,
4. Auflage, München 1993

# EINFÜHRUNG

Die vorliegende Untersuchung beschäftigt sich mit zwei aktienrechtlichen Problemen im Zusammenhang mit der „Due Diligence". Bei dieser handelt es sich um ein Rechtsinstitut, das dem deutschen Recht bis vor etwa einem Jahrzehnt weitgehend unbekannt war und das sich seitdem zum großen Teil in einem rechtsfreien Raum abzuspielen scheint. Diese Situation ist darauf zurückzuführen, dass es sich bei der Due Diligence um ein rechtliches Instrumentarium handelt, das nicht auf einer Kodifizierung beruht, sondern auf Grund der wirtschaftlichen und rechtlichen Bedürfnisse der Vertragsparteien bei Unternehmenskäufen[1] – insbesondere grenzüberschreitender Natur – zur Anwendung kommt.

Bevor näher auf die Problemstellung der vorliegenden Untersuchung eingegangen wird, sollen zunächst einführend Begriff, Zweck und Ablauf der Due Diligence, ihre anglo-amerikanischen Wurzeln sowie ihre Bedeutung im deutschen Recht angesprochen werden.

## A. Begriff, Zweck und Ablauf der Due Diligence

„Due Diligence" bedeutet wörtlich übersetzt nicht mehr als „gebührende Sorgfalt" oder „im Verkehr erforderliche Sorgfalt"[2]. Im internationalen Recht des Unternehmenskaufs umschreibt der Begriff die vorbereitende Untersuchung des Kaufobjekts[3], genauer gesagt, dessen Untersuchung im Stadium der laufenden Vertragsverhandlungen[4].

Die Due Diligence dient der Aufdeckung von Risiken, die der Unternehmenskauf mit sich bringen kann und die im Kaufvertrag Berücksichtigung finden sollen; au-

---

[1] In diesem Zusammenhang wird auch häufig der Anglizismus Mergers & Acquisitions (M&A), also Unternehmenskäufe und –fusionen, benutzt.

[2] *Dietl/Lorenz*, S. 261.

[3] *Holzapfel/Pöllath*, Rdnr. 12; *Loges*, DB 1997, 965 (965); *Merkt*, WiB 1996, 145 (145).

[4] *Pack*, in: Picot, Handbuch M&A, S. 224; obwohl es gelegentlich auch eine sogenannte Post-Acquisition Due Diligence (nach Eigentums- und Rechtsübergang) gibt, wird vorliegend der

ßerdem bildet sie die Grundlage der Bewertung des Kaufobjekts[5]. Ferner träft sie dazu bei, den Ist-Zustand des Zielunternehmens und den Informationsfluss zwischen der Zielgesellschaft und den Vertragsparteien zu dokumentieren[6]. Gegenstand der Due Diligence ist dabei die Untersuchung ganz unterschiedlicher Aspekte des Kaufobjekts. Das reicht von rechtlichen Gesichtspunkten (Legal Due Diligence) über steuerliche (Tax Due Diligence) und betriebswirtschaftliche (Financial Due Diligence und Commercial Due Diligence) Bezüge bis zu der Untersuchung von Umweltrisiken (Environmental Due Diligence), um nur einige Prüfungskriterien zu nennen[7]. Zu bedenken ist dabei allerdings, dass weder die Terminologie noch die beim jeweiligen Kaufobjekt untersuchten Aspekte einheitlich sind, so dass im Einzelfall die Schwerpunkte der Due Diligence auch anders ausgestaltet sein können[8].

Die Due Diligence beginnt in der Regel damit, dass der Kaufinteressent bei dem Zielunternehmen mit Hilfe einer sogenannten „Due-Diligence-Checklist"[9] die Informationen anfordert, die er zur Untersuchung des Kaufobjekts benötigt. Für die Untersuchung selbst gibt es unterschiedliche Verfahrensweisen[10]. So kann dem Erwerbsinteressenten vor Ort oder in einem speziellen „Data Room" Einsicht in die geforderten Unterlagen gewährt werden. Oftmals kommt es aber auch zu der Übersendung von Fotokopien. Ferner mag auch eine Begehung des Zielobjekts zum Zwecke technischer Untersuchungen (z. B. Baumängel, Bodenproben bei erwarteten Umweltschäden) notwendig sein.

Die Durchführung der Due Diligence obliegt im Regelfall einem Team von Fachleuten. Dabei handelt es sich um Mitarbeiter des Kaufinteressenten sowie externe Berater wie Steuerberater, Investmentbanken, Wirtschaftsprüfer, Rechtsanwäl-

---

Begriff der Due Diligence wie allgemein üblich als Untersuchung im vorvertraglichen Stadium verstanden, soweit nicht ausdrücklich anders dargestellt.

5 *Pack*, in: Picot, Handbuch M&A, S. 224; *Körber*, NZG 2002, 263 (264).

6 *Merkt*, WiB 1996; 145 (147); *Körber*, NZG 2002, 263 (264).

7 *Holzapfel/Pöllath*, Rdnr. 13.

8 Vgl. etwa *Pack*, in: Picot, Handbuch M&A, S. 229 ff.

9 Vgl. z.B. die Checklisten bei: *Picot*, U&R, Teil I, Rdnr. 44; *Holzapfel/Pöllath*, Rdnr. 403 ff.; *Harrer*, DStR 1993, 1673 (1673 f.); *Wegmann/Koch*, DStR 2000, 1027 (1028).

10 *Loges*, DB 1997, 965 (965); *Wegmann/Koch*, DStR 2000, 1027 (1028).

te[11], und, sofern technisches Know-how notwendig ist, auch Ingenieure, Chemiker oder Sachverständige anderer Berufsgruppen.

Am Ende der Due Diligence steht die Erstellung eines sogenannten „Due Diligence Reports", der detailliert die Untersuchungsergebnisse festhält und zur Grundlage der eigentlichen Vertragsverhandlungen, insbesondere über Kaufpreis und Gewährleistung, gemacht wird[12].

## B. Anglo-amerikanische Wurzeln

Die Due Diligence entstammt dem anglo-amerikanischen Rechtskreis. Sie kommt dort in vielen Bereichen als Sorgfaltsmaßstab vor[13], hat aber vor allem eine Bedeutung in kapitalmarktrechtlicher Hinsicht und im Bezug auf das Kaufrecht.

Der US Securities Act von 1933 verlangt von den Emittenten von Kapitalbeteiligungen die Erstellung eines sogenannten „Registration Statements", welches bei der zuständigen Bundesbehörde, der „Securities Exchange Commission" (SEC) eingereicht werden muss[14]. Das „Registration Statement" enthält umfassende Angaben über die ausgebende Gesellschaft und die auszugebenden Beteiligungen und ähnelt inhaltlich dem auf Grund der Due Diligence beim Unternehmenskauf erstellten „Due Diligence Report"[15]. Die Ersteller des Statements („Underwriter"), der Emittent, die Mitglieder des „Board of Directors" sowie alle Berater, die als Verfasser oder Prüfer des Statements genannt werden, haften darauf, dass das „Registration Statement" mit der erforderlichen Sorgfalt („Due Diligence") erstellt worden ist[16]. Mit Ausnahme des Emittenten steht allen Beklagten in einem möglichen prospekthaftungsrechtlichen Prozess die Einrede sorgfaltsgerechten Verhaltens zu, die sogenannte „Due Diligence Defense"[17].

---

11 *Holzapfel/Pöllath*, Rdnr. 13; *Loges*, DB 1997, 965 (965).
12 *Picot*, U&R, Teil I, Rdnr. 41.
13 *Merkt*, WiB 1996, 145 (145 f.); *Pack*, in: Picot, Handbuch M&A, S. 223.
14 *Merkt*, WiB 1996, 145 (146).
15 *Merkt*, WiB 1996, 145 (146).
16 *Merkt*, WiB 1996, 145 (146); *Pack*, in: Picot, Handbuch M&A, S. 223.

Zwar ähnelt die kaufrechtliche Due Diligence im anglo-amerikanischen Recht der kapitalmarktrechtlichen Due Diligence. Sie hat aber einen anderen Ansatzpunkt. Während sich die Due Diligence im Kapitalmarktrecht nämlich vorwiegend auf das prospekthaftungsrechtliche Rechtsverhältnis zwischen Beratern und Management auf der einen Seite und den Anlegern auf der anderen Seite auswirkt, betrifft die Due Diligence im anglo-amerikanischen Kaufrecht unmittelbar das Rechtsverhältnis zwischen Veräußerer und Erwerber.

Die Notwendigkeit der Due Diligence geht dort auf den im „Common Law" geltenden Grundsatz *caveat emptor* zurück[18]. Dieser besagt, dass es – anders als nach dem kontinentaleuropäischen Rechtsverständnis – Sache des Käufers ist, den Kaufgegenstand zu überprüfen und daraufhin entsprechende Gewährleistungen vom Verkäufer zu verlangen[19]. Weshalb sich auch für diese Untersuchung der Begriff der Due Diligence eingebürgert hat, ist nicht ganz klar, denn ob der Käufer den Kaufgegenstand mit der gebotenen Sorgfalt überprüft oder nicht, liegt in seinem Ermessen. Die Bezeichnung „Due Diligence" für die Untersuchung des Kaufgegenstands ist wohl darauf zurückzuführen, dass sich die Berater des Käufers, deren er sich bei der Untersuchung bedient, ihm gegenüber – ähnlich wie bei der kapitalmarktrechtlichen Due Diligence – zur „erforderlichen Sorgfalt" verpflichtet haben[20].

Dass die Due Diligence seit gut einem Jahrzehnt eine immer bedeutendere Rolle im kontinentaleuropäischen M&A-Geschäft spielt, liegt neben den sogleich aufzuzeigenden Aspekten daran, dass zu einem großen Teil anglo-amerikanische Kaufinteressenten auf den deutschen Beteiligungsmarkt drängen und dabei ihre Erwartungen und Rechtsvorstellungen über den Ablauf eines Unternehmenskaufs mitbringen.

---

17 *Merkt*, WiB 1996, 145 (146); *Pack*, in: Picot, Handbuch M&A, S. 223.
18 *Merkt*, WiB 1996, 145 (146); *Treeck*, in: FS Fikentscher, 434 (435); *Körber*, NZG 2002, 263 (264).
19 *Merkt*, WiB 1996, 145 (146); *Treeck*, in: FS Fikentscher, 434 (435).
20 *Merkt*, WiB 1996, 145 (146).

## C. Bedeutung im deutschen Recht

Im deutschen Unternehmenskaufrecht hat die Due Diligence einerseits Einfluss auf das gewährleistungsrechtliche Rechtsverhältnis Käufer–Verkäufer gemäß §§ 434 ff. BGB[21] (§§ 459 ff. BGB aF). Andererseits spielt sie auch bei der Ausgestaltung eines *unabhängigen* individualvertraglichen Gewährleistungsregimes eine wesentliche Rolle.

Bedeutung hatte die Due Diligence bisher etwa im Rahmen der Kenntnis des Käufers über einen Mangel bzw. seine grob-fahrlässige Unkenntnis bezüglich eines solchen, § 460 BGB aF. Die Kenntnis eines Mangels auf Grund einer Due Diligence schließt auch nach heutigem Recht, § 442 Abs. 1 BGB, die Geltendmachung von Gewährleistungsansprüchen aus, was auf den ersten Blick als nachteilig für den Käufer angesehen werden könnte. Allerdings ermöglicht die Kenntnis des Mangels vor Vertragsschluss dem Käufer auch, sich besondere Beschaffenheitsgarantien gemäß § 443 Abs. 1, 1. Alt., 276 Abs. 1, 3. Var. BGB (die in etwa den früheren zugesicherten Eigenschaften iSd § 459 Abs. 2 BGB aF entsprechen) von dem Verkäufer geben zu lassen[22], den Vertrag anderweitig umzugestalten oder vom Vertragsschluss ganz abzusehen.

Ferner wurde bisher der Due Diligence eine zentrale Bedeutung bei Ansprüchen aus *culpa in contrahendo* (c.i.c.; heute §§ 311 Abs. 2, 241 Abs. 2 BGB) beigemessen. So haftete der Verkäufer nach diesem Rechtsinstitut für unrichtige Auskünfte und Angaben, insbesondere in Bezug auf die bisherige Vermögens- und Ertragslage des Unternehmens, da solche Angaben nicht zu zusicherungsfähigen

---

21 Die zitierten BGB-Normen beziehen sich auf das BGB idF des Schuldrechtsmodernisierungsgesetzes vom 26.11.2001 (BGBl. I, S. 3138), wie es am 01.01.2002 in Kraft getreten ist. Bisherige Vorschriften des BGB, die mWv 01.01.2002 aufgehoben sind, werden als § XY BGB aF bezeichnet.

22 Zu beachten ist jedoch in diesem Zusammenhang, dass angesichts der Regelung des § 444 BGB heute umstritten ist, ob „Garantien" oder ähnliche Vertragsbestimmungen in der bisherigen Form – das heißt beschränkt auf konkrete individualvertraglich vereinbarte Rechtsfolgen – überhaupt noch zulässig sind. Bestritten wird dies von *Graf v. Westphalen*, u.a. in: ZIP 2002, 545 ff. Von der Zulässigkeit solcher Vertragsklauseln wie nach bisherigem Recht gehen *Dauner-Lieb/Thiessen*, ZIP 2002, 108 (111), *Knott*, NZG 2002, 249 (255); *Seibt/Raschke/Reiche*, NZG 2002, 256 (258 ff.) aus.

Eigenschaften zählten und mithin nicht Bestandteil des Fehlerbegriffs waren[23]. Daraus folgte, dass auch aus Verkäufersicht eine sorgfältige, umfassende und korrekte Dokumentation des Kaufobjekts notwendig war, um einer Haftung aus c.i.c. möglichst zu entgehen.

Mit Blick auf die heutige kaufrechtliche Rechtslage ist zu berücksichtigen, dass der Fehlerbegriff nunmehr ganz zentral auf die Abrede der Parteien über die „Beschaffenheit" des Kaufgegenstandes abstellt, § 434 Abs. 1 Satz 1 BGB. Zudem war es Wille des Gesetzgebers, mit der Parteivereinbarung über die „Beschaffenheit" Abgrenzungsprobleme beim Fehlerbegriff auszuräumen und den Anwendungsbereich der c.i.c. zurückzudrängen[24]. Aus diesen Gründen spricht viel dafür, anzunehmen, dass heutzutage die bisherigen Abgrenzungsprobleme nicht mehr auftreten werden, sondern alle „Fehler" von den Vorschriften der §§ 434 ff. BGB umfasst sind, unabhängig davon, ob sie nach dem bisherigen Rechtsverständnis der Sache „anhaften" oder „zusicherungsfähige Eigenschaften" darstellen[25].

Dieser Umstand rückt die Beschreibung der Beschaffenheit des Kaufobjekts beim Vertragsschluss in den Mittelpunkt des heutigen kaufrechtlichen Leistungsstörungsrechts, zumal der subsidiäre objektive Fehlerbegriff nach § 434 Abs. 1 Satz 2 BGB im Zusammenhang mit einem Unternehmenskauf wegen seiner Abstraktheit nur schwer anwendbar sein dürfte. Eine Beschaffenheitsvereinbarung kann jedoch bei einem komplexen Unternehmenskaufvertrag nur dann adäquat getroffen werden, wenn vorher der Kaufgegenstand – also das Zielunternehmen – im Wege der Due Diligence untersucht worden ist.

Neben der Bedeutung im Falle der Anwendung des deutschen Kaufrechts spielt die Due Diligence eine noch größere Rolle, wenn das Kaufrecht des BGB individualvertraglich ausgeschlossen und der Vertrag einem ganz eigenständigen Ge-

---

[23] *BGH*, BB 1990, 1911; WM 1988, 1700 (1702); NJW 1970, 653 (655); *Merkt*, WiB 1996, 145 (149); *Knott*, NZG 2002, 249 (250); kritisch dazu: *Lieb*, in: MüKo HGB, Anh. § 25, Rdnr. 59 ff. mwN.

[24] RegBegr, BT-Drucks 14/6040, S. 209.

[25] So auch: *Gronstedt/Jörgens*, ZIP 2002, 52 (54 f.); *Knott*, NZG 2002, 249 (251).

währleistungsregime unterstellt wird[26]. Dann werden die Informationen, die im Wege der Due Diligence gewonnen worden sind, essenzielle Grundlage der Vereinbarung eines eigenständigen individualvertraglichen Gewährleistungsrechts.

Die Due Diligence spielt also für die Ausgestaltung eines Unternehmenskaufvertrages eine wesentliche Rolle. Das beruht einerseits auf den Erwartungen angloamerikanischer Käufer, die dieses Rechtsinstitut nach Kontinentaleuropa gebracht haben. Sie hat aber daneben sowohl bei der Anwendung deutschen Kaufrechts als auch bei der Schaffung eines individualvertraglichen Gewährleistungsregimes eine ganz zentrale Bedeutung.

Neben den genannten rechtlichen Aspekten darf die eingangs erwähnte zentrale Bedeutung für die Bewertung des Kaufobjekts und damit die Kaufpreisfindung ebenfalls nicht außer Acht gelassen werden.

## I. Problemstellung der Untersuchung

Die angeführten komplizierten kaufrechtlichen Gegebenheiten bei einem Unternehmenskauf und das Bedürfnis nach einer vernünftigen Bewertung des Unternehmens haben dazu geführt, dass die Due Diligence heute zum Regelfall im M&A-Geschäft geworden ist[27].

Betrachtet man vor diesem Hintergrund das deutsche Gesellschaftsrecht, so stellt sich heraus, dass sich die Due Diligence nicht – wie es auf den ersten Blick scheint – in einem rechtsfreien Raum abspielt, sondern es vielmehr Schwierigkeiten macht, sie mit bestehenden Normen in Einklang zu bringen.

---

[26] Das war wegen der Mängel des alten Leistungsstörungsrechts bisher der Regelfall und wird aller Voraussicht nach wegen der absehbaren Meinungsstreitigkeiten über den Umfang des neuen Fehlerbegriffs auch bis auf Weiteres so bleiben. Beachte jedoch auch den Streit bezüglich der Reichweite des § 444 BGB, der jedenfalls nach dem Wortlaut bei Übernahme einer Beschaffenheitsgarantie einen Haftungsausschluss verbietet: *Graf v. Westphalen*, ZIP 2002, 545 ff.; *Dauner-Lieb/Thiessen*, ZIP 2002, 108 ff.; *Knott*, NZG 2002, 249 (255); *Seibt/Raschke/Reiche*, NZG 2002, 256 (258 ff.).

[27] *Kiethe*, NZG 1999, 976 (979); *Körber*, NZG 2002, 263 (264) sieht die Due Diligence als „in den USA ... gang und gäbe" und „in Deutschland ... klar auf dem Vormarsch".

Handelt es sich bei der Zielgesellschaft um eine Aktiengesellschaft, so kollidiert das Bedürfnis der Vertragsparteien nach einer Due Diligence beispielsweise mit der Geheimhaltungspflicht des Vorstandes aus § 93 Abs. 1 Satz 2 AktG. Ob eine Offenbarung von Unternehmensinterna, die mit der Due Diligence vor einem Unternehmenskauf einhergeht, trotz dieser Geheimhaltungspflicht zulässig ist, ist in den vergangenen sechs Jahren in der Wissenschaft Gegenstand kontroverser Diskussionen gewesen[28], ist allerdings noch nicht höchstrichterlich entschieden worden. Diese Fragestellung bildet den ersten Teil der vorliegenden Untersuchung.

Die sich daran anschließende Frage, ob ein Aktionär zum Zwecke der Anteilsveräußerung von seiner Gesellschaft womöglich sogar die Unterstützung einer Due Diligence verlangen kann, ist bisher allenfalls am Rande angesprochen worden[29]. Vertiefte wissenschaftliche Erörterungen hat es hierzu – soweit erkennbar – noch gar nicht gegeben. Diese Problemstellung soll im zweiten Teil der Arbeit behandelt werden.

---

[28] Vgl. dazu unten den Meinungsstand: Teil 1, B II 1 a).
[29] Vgl. dazu unten den Meinungsstand: Teil 2, A.

# TEIL 1: BEFUGNIS DES VORSTANDS ZUR UNTERSTÜTZUNG EINER DUE DILIGENCE

Dieser erste Teil der Untersuchung wird sich der Frage zuwenden, ob bzw. inwieweit die Geheimhaltungspflicht in § 93 Abs. 1 Satz 2 AktG den Vorstand einer Aktiengesellschaft an der Offenbarung von Unternehmensinterna zum Zwecke einer Due Diligence hindert und welche Kriterien bei einer dahin gehenden Entscheidungsfindung eine Rolle spielen. Dabei soll sowohl auf den Fall des sogenannten *Asset Deal* als auch auf den Fall des sogenannten *Share Deal* eingegangen werden, die sich strukturell darin unterscheiden, dass bei Ersterem die AG selbst Vertragspartner des Unternehmenskaufvertrages wird, bei Letzterem jedoch ein Aktionär seine Beteiligung veräußert, während die AG lediglich Objekt des Transfers – die sogenannte Zielgesellschaft – ist.

## A. Geheimhaltungspflicht nach § 93 Abs. 1 Satz 2 AktG

Ausgangspunkt der Fragestellung ist in gesellschaftsrechtlicher Hinsicht[30] die Geheimhaltungspflicht des Vorstandes in § 93 Abs. 1 Satz 2 AktG. Nach dieser Vorschrift haben die Mitglieder des Vorstandes einer Aktiengesellschaft über vertrauliche Angaben und Geheimnisse der Gesellschaft, namentlich Betriebs- oder Geschäftsgeheimnisse, die ihnen durch ihre Tätigkeit im Vorstand bekannt geworden sind, Stillschweigen zu bewahren.

Nachfolgend soll zunächst auf Dogmatik und Zweck der Vorschrift und sodann auf den Begriff des Geheimnisses, die diesbezügliche Dispositionsbefugnis des Vorstandes sowie die gesetzlichen Sanktionen bei Verletzung der Geheimhaltungspflicht eingegangen werden, bevor dann im Anschluss[31] untersucht werden

---

30 Zum Verbot der Weitergabe von Insiderinformationen gemäß § 14 WpHG vgl. den Annex zu Teil 1: C. Die datenschutzrechtliche Problematik, insbesondere mit Blick auf personenbezogene Arbeitnehmerdaten, soll in dieser Untersuchung ausgeklammert werden.; vgl. dazu nur: *Werner*, ZIP 2000, 989 (992) und *Körber*, NZG 2002, 263 (267), jeweils mwN.

31 Vgl. unten: B.

wird, wo die Geheimhaltungspflicht im Hinblick auf die Due Diligence ihre Grenzen findet.

## I. Dogmatik, Zweck

Die dogmatische Einordnung der Geheimhaltungspflicht ist umstritten. Einerseits wird in der Vorschrift eine Präzisierung der organschaftlichen Treuepflicht gesehen[32]. Andere verstehen die Geheimhaltungspflicht als eine spezielle Ausformung der allgemeinen Sorgfaltspflicht, die den Vorstand einer Aktiengesellschaft nach § 93 Abs. 1 Satz 1 trifft[33]. Letztlich ist jedoch eine Vertiefung der Frage nach dem Rechtsgrund angesichts der gesetzlichen Fixierung der Geheimhaltungspflicht nicht weiterführend[34].

Die Norm bezweckt, die Gesellschaft im ganzen davor zu bewahren, dass geheimhaltungsbedürftige Informationen an die Öffentlichkeit getragen werden und der Gesellschaft daraus Nachteile entstehen[35].

## II. Definition des „Geheimnisses"

Der Geheimnisbegriff des § 93 Abs. 1 Satz 2 AktG umfasst sowohl „vertrauliche Angaben" als auch „Geheimnisse der Gesellschaft". Diese Begriffe werden nicht völlig synonym verwendet[36], sie überschneiden sich aber.

### 1. „Vertrauliche Angaben"

Vertrauliche Angaben können alle Informationen sein, die ein Vorstandsmitglied in seiner Eigenschaft als solches erlangt hat[37]. Auf welche Weise sie gewonnen

---

32 *Hefermehl*, in: Geßler/Hefermehl, § 93 Rdnr. 15; *Hopt*, in: Großkomm. AktG, § 93 Rdnr. 187; *Kittner*, ZHR 136 (1972), 208 (220).
33 *v. Godin/Wilhelmi*, § 93 Anm. 5; *Spieker* NJW 1965, 1937 (1937).
34 So auch zutreffend: *Hüffer*, § 93 Rdnr. 6.
35 *BGHZ* 64, 325 (330); 135, 48 (57).
36 *Hefermehl*, in: Geßler/Hefermehl, § 93 Rdnr. 16; *Wiesner*, in: MünchHdb AG, § 25 Rdnr. 39.
37 *Mertens*, in: Kölner Komm., § 76 Rdnr. 37; *Hüffer*, § 93 Rdnr. 7.

worden sind, ist insofern unwesentlich. Es kann sich um Auskünfte handeln, die von dritter Seite an das Vorstandsmitglied herangetragen worden sind, ferner sind Informationen aus Vorstandssitzungen denkbar sowie Berichte von Mitarbeitern oder ähnliches. Dabei ist nicht die Bezeichnung der Daten als „vertraulich" das ausschlaggebende Kriterium. Entscheidend ist vielmehr, ob eine Weitergabe dieser Informationen an unbefugte Dritte nachteilige Wirkungen für die Gesellschaft haben könnte[38]. Wenn dies aus Sicht des objektiven Gesellschaftsinteresses der Fall ist, sind die Daten als vertraulich zu bewerten.

### 2. „Geheimnisse der Gesellschaft"

Geheimnisse der Gesellschaft sind Tatsachen, die jedenfalls kumulativ zwei Kriterien erfüllen[39]:

(a) Zum einen müssen die Tatsachen relativ unbekannt sein, d. h. sie dürfen nicht offenkundig, sondern nur einem relativ überschaubaren Kreis eingeweihter Personen bekannt sein;
(b) Zum zweiten muss ein objektives Geheimhaltungsinteresse der Gesellschaft an diesen Tatsachen bestehen.

Diese Anforderungen erfüllen regelmäßig Tatsachen wie Herstellungsverfahren, Produktionsvorhaben, der Kundenstamm, Finanzpläne, strategische Planungen für die Zukunft, Mitarbeiterdaten usw. Die besondere Hervorhebung von Betriebs- und Geschäftsgeheimnissen durch das Gesetz hat insoweit nur deklaratorischen Charakter.

Umstritten ist, ob es zusätzlich noch eines dritten Elements bedarf, nämlich

(c) des Geheimhaltungswillens der Gesellschaft.

---

38 *Hefermehl*, in: Geßler/Hefermehl, § 93 Rdnr. 16 f.
39 *RGZ* 149, 329 (334); BGHZ 64, 325 (329); *Hopt*, in: Großkomm., 93 Rdnr. 196; *Roschmann/Frey*, AG 1996, 449 (450).

Nach einer Auffassung ist der Begriff des Geheimnisses rein objektiver Natur, allerdings könne der Vorstand dennoch – auch stillschweigend – auf den Geheimnischarakter verzichten[40]. Eine andere Auffassung sieht durch diese Objektivierung den unternehmerischen Handlungsspielraum des Vorstandes eingeschränkt und fordert deswegen für das Vorliegen eines Geheimnisses zusätzlich einen Geheimhaltungswillen, der aber, sofern er nicht bewusst aufgegeben werde, aus dem objektiven Geheimhaltungsinteresse der Gesellschaft zu folgern sei[41].

Letztlich unterscheiden sich diese Meinungen nur graduell, da sie beide zunächst vom objektiven Gesellschaftsinteresse ausgehen. Dies ist auch naheliegend, denn es ist unwahrscheinlich, dass der Vorstand bezüglich jeder geheimhaltungswürdigen Tatsache den Geheimhaltungswillen der Gesellschaft positiv artikuliert.

Die eigentliche Problematik ist also nicht, ob der Begriff des Geheimnisses auch ein subjektives Element enthält, sondern verlagert sich auf die Frage, ob dem Vorstand eine Dispositionsbefugnis bezüglich des Geheimnischarakters zukommt. Ob und inwieweit dies der Fall ist, ist Gegenstand des folgenden Gliederungspunktes.

### III. Dispositionsbefugnis des Vorstands?

Eigentlich ist aus der Leitungszuständigkeit des Vorstandes gemäß § 76 Abs. 1 AktG zu schließen, dass auch die Äußerung oder Negierung des Geheimhaltungswillens der Gesellschaft im Rahmen der Vorstandskompetenz liegt. Daraus könnte man den Rückschluss ziehen, dass der Vorstand einer Aktiengesellschaft durch eine Due Diligence gar nicht gegen § 93 Abs. 1 Satz 2 AktG verstoßen kann. Denn wenn er eine Information im Rahmen einer Due Diligence an einen potenziellen Erwerber offenbaren wollte, müsste er einfach den Geheimhaltungswillen der Gesellschaft aufgeben. Dies hätte dann zur Folge, dass kein Geheim-

---

[40] *Lutter*, Information und Vertraulichkeit, S. 108; *Lutter/Krieger*, § 3 Rdnr. 102.

[41] *BGHZ* 64, 325 (329); *Wiesner*, in: MünchHdb AG, § 25 Rdnr. 39; *Hefermehl*, in: Geßler/Hefermehl, § 93 Rdnr. 16, Schroeder, DB 1997, 2161 (2161).

nis weitergegeben würde und somit auch nicht gegen die Vorschrift des § 93 Abs. 1 Satz 2 AktG verstoßen würde. Eine derartige Umgehungsmöglichkeit des § 93 Abs. 1 Satz 2 AktG kann aber schlechterdings nicht gewollt sein.

Deshalb ließe sich anführen, dass für die Aufgabe des Geheimhaltungswillens eine Zuständigkeit des Aufsichtsrates oder gar der Hauptversammlung gegeben sein muss. Eine solche Argumentation wäre jedoch fehlerhaft. Der Aufsichtsrat ist nach der Kompetenzordnung des AktG nämlich grundsätzlich nur als Überwachungsorgan ausgestaltet (vgl. z. B. § 111 AktG) und die Hauptversammlung trifft eine Zuständigkeit nur in den gesetzlich normierten (z. B. § 119 AktG) sowie den durch die Rechtsprechung entwickelten Fällen (z. B. Holzmüller[42]-Fälle), zu denen die Äußerung des Geheimhaltungswillens der Gesellschaft nicht zählt.

Zudem ist bezüglich der oben aufgestellten These zu berücksichtigen, dass der Geheimhaltungswille gerade nicht punktuell aufgegeben werden kann; denn entweder ist eine Information ein Geheimnis oder sie ist es nicht[43]. Hinsichtlich der Informationen, die an einen potenziellen Erwerber weitergegeben werden sollen, ist nicht anzunehmen, dass der Vorstand den Geheimhaltungswillen global, also gegenüber jedermann, aufgeben will. Er will dies nämlich nur punktuell, dem Erwerbsinteressenten gegenüber. Im Verhältnis zu allen anderen Dritten soll es beim Geheimnischarakter der Information bleiben. Auf diese Weise kann eine Information der Gesellschaft also nicht zu einer offenkundigen Tatsache gemacht werden, so dass sie im Umkehrschluss auch weiterhin als Geheimnis zu qualifizieren ist.

Ferner ist zu beachten, dass der Vorstand in seiner Tätigkeit zwar einen weiten Ermessensspielraum hat. Verstößt er aber bei der „Umwidmung" einer geheimhaltungswürdigen Tatsache in eine normale Information gegen seine allgemeine Sorgfaltspflicht nach § 93 Abs. 1 Satz 1 AktG, so macht er sich schadensersatzpflichtig nach § 93 Abs. 2 AktG. Es ist deshalb nicht davon auszugehen, dass ein

---

42 *BGHZ* 83, 122 ff.

43 Dieser Punkt ist nicht zu verwechseln mit der Folgefrage, ob der Vorstand trotz des Vorliegens eines Geheimnisses mit der Offenbarung rechtmäßig handelt.

Vorstand den Charakter einer Information als Geheimnis der Gesellschaft leichtfertig aufgibt, nur um diese Information an einen Erwerbsinteressenten herausgeben zu können.

Daher besteht bei der Durchführung einer Due Diligence sehr wohl die Gefahr, dass ein Vorstand in diesem Zusammenhang gegen seine Geheimhaltungspflichten verstößt, obwohl er eigentlich im Rahmen seiner Leitungszuständigkeit, § 76 Abs. 1 AktG, über den Geheimnischarakter einer Information disponieren kann.

## IV. Sanktionen

Das Verbot des § 93 Abs. 1 Satz 2 AktG wäre ohne größere Relevanz, wenn es nicht sanktioniert wäre. Dass der Gesetzgeber dem Verbot offensichtlich besonderen Nachdruck verleihen wollte, erkennt man daran, dass es im Aktiengesetz zweifach sanktioniert ist.

### 1. Schadensersatzpflicht

Zunächst sind alle Vorstandsmitglieder, die gegen die Geheimhaltungspflicht des § 93 Abs. 1 Satz 2 AktG verstoßen, gesamtschuldnerisch schadensersatzpflichtig, § 93 Abs. 2 Satz 1 AktG. Der Aufsichtsrat ist in diesem Zusammenhang dazu verpflichtet, derartige Ansprüche auch geltend zu machen[44].

Voraussetzung für die Schadensersatzpflicht ist zum Einen, dass das Vorstandsmitglied objektiv pflichtwidrig, also entgegen dem objektiven Gesellschaftsinteresse, gehandelt hat[45], mithin ein Geheimnis der Gesellschaft oder eine vertrauliche Angabe offenbart, ohne dazu berechtigt zu sein. Zum Zweiten muss schuldhaft, also mindestens fahrlässig gehandelt worden sein. Da gerade in einem solchen Fall die Schuld schwer nachweisbar ist und vor allem die Abgrenzung des schuldhaften Handelns zur – rechtsfolgenlosen – unternehmerischen Fehlein-

---

[44] *BGH*, NJW 1997, 1926 (1927).
[45] *Hüffer*, § 93 Rdnr. 11; *Hefermehl*, in: Geßler/Hefermehl, § 93 Rdnr. 9.

schätzung nur schwer durchführbar ist, hat der Gesetzgeber in § 93 Abs. 2 Satz 2 AktG eine Beweislastumkehr etabliert, so dass ein Vorstandsmitglied nachweisen muss, pflichtgemäß gehandelt zu haben, um der Haftung zu entgehen. Einen solchen Nachweis pflichtgemäßen Handelns wird der Vorstand am ehesten erbringen können, indem er die Due Diligence in einer Vorstandssitzung erörtert, diese Erörterungen – inklusive des Für und Wider – protokolliert und anschließend einen Beschluss über die Durchführung oder Nichtdurchführung der Due Diligence fasst[46].

## 2. Straftatbestand

Über die Schadensersatzpflicht hinaus sieht das Gesetz in § 404 Abs. 1 AktG eine strafrechtliche Sanktion vor. Die unbefugte Offenbarung eines Geheimnisses wird mit einer Freiheitsstrafe bis zu einem Jahr oder mit einer Geldstrafe geahndet.

Die Unbefugtheit der Offenbarung ist nicht als zusätzliches Tatbestandsmerkmal zu werten, sondern als Hinweis auf die allgemeine Rechtswidrigkeit zu verstehen[47]. In diesem Zusammenhang ist zu beachten, dass die Gesellschaft als Geheimnisträgerin die Verfügungsbefugnis über ein Geheimnis[48] hat, sie also in die Offenbarung von Geheimnissen an außerhalb der Gesellschaft stehende Dritte einwilligen kann, mit der Konsequenz, dass die Offenbarung dann nicht mehr unbefugt ist, sondern gerechtfertigt. Für die Einwilligung zuständiges Organ innerhalb der AG ist wiederum – mangels anderweitiger Zuständigkeit – der Vorstand. Als geschäftsführendes Leitungsorgan gemäß §§ 76, 77 AktG entscheidet er nach pflichtgemäßem Ermessen darüber, ob eine Information an einen Dritten weitergegeben werden darf. Ohne dass eine solche Entscheidung durch den Gesamtvorstand herbeigeführt worden ist, ist eine Offenbarung von Geheimnissen

[46] So auch: *Bihr*, BB 1998, 1198 (1199); *Ziemons*, AG 1999, 492 (494).
[47] *Ziegler*, DStR 2000, 249 (253); *Roschmann/Frey*, AG 1996, 449 (450).
[48] *Roschmann/Frey*, AG 1996, 449 (450).

rechtswidrig. Überschreitet der Vorstand seinen Ermessensspielraum, gilt Gleiches[49].

Die teilweise vertretene Ansicht, dass auch eine Einwilligung durch das ressortmäßig befasste Vorstandsmitglied reiche[50], ist jedenfalls für den Fall der Due Diligence und die damit verbundene Offenbarung einer erheblichen Anzahl von Geheimnissen der Gesellschaft abzulehnen, da sonst die Sanktionswirkung der Norm regelmäßig leer liefe. Das heißt also, dass auch um der strafrechtlichen Sanktion zu entgehen, ein Beschluss des Gesamtvorstandes erforderlich ist.

Nach § 404 Abs. 3 Satz 1 AktG wird die Tat nur auf Antrag verfolgt. Antragsbefugt ist nach Satz 2 dieser Vorschrift der Aufsichtsrat, da es sich um ein Vergehen durch ein Vorstandsmitglied handelt.

### V. Zwischenergebnis

Wie gesehen ist Ausgangspunkt der Frage, ob eine Due Diligence in der unabhängigen Aktiengesellschaft zulässig ist, die Norm des § 93 Abs. 1 Satz 2 AktG. Innerhalb enger Grenzen unterliegt die Kategorisierung einer Information als Geheimnis der Einschätzungsprärogative des Vorstandes. Verstößt ein Vorstandsmitglied gegen seine Geheimhaltungspflichten, so setzt er sich der Schadensersatzpflicht nach § 93 Abs. 2 AktG und dem Straftatbestand des § 404 Abs. 1 AktG aus.

## B. Grenzen der Geheimhaltungspflicht

Die Geheimhaltungspflicht des § 93 Abs. 1 Satz 2 AktG ist anerkanntermaßen nicht unbeschränkt.

---

49 *Ziegler*, DStR 2000, 249 (253).
50 *Roschmann/Frey*, AG 1996, 449 (451).

So besteht sie nicht innerhalb des Vorstandes selbst und ebenso nicht gegenüber dem Aufsichtsrat[51]. Auch gegenüber dem Abschlussprüfer besteht sie zumindest insoweit nicht, als diesem ein Informationsrecht nach § 320 Abs. 2 HGB zukommt[52]. Ferner findet die Geheimhaltungspflicht ihre Schranken dort, wo eine Offenbarung des Geheimnisses im Interesse der Gesellschaft liegt[53]. Einleuchtende Beispiele dafür sind die Hinzuziehung von Beratern, die ihrerseits der Berufsverschwiegenheit unterliegen, oder die Durchführung eines Joint Ventures mit einem Wettbewerber, bei dem ebenfalls zulässigerweise geheime Informationen offenbart werden, weil der Verlust von Geheimnissen durch die angestrebte Verbesserung der Marktposition der Gesellschaft ausgeglichen wird. Über diese Beispiele hinaus ist die Geheimhaltungspflicht beschränkt, wenn ihre Einhaltung unzumutbar ist. Das ist etwa dann der Fall, wenn ein Vorstandsmitglied in einen Prozess verwickelt ist und nur durch die Offenbarung eines Gesellschaftsgeheimnisses effektiv seine Rechte verfolgen kann[54]. Zudem kann auch eine Pflicht der Gesellschaft – und damit des Vorstandes als deren Leitungsorgan – zur Offenbarung von Geschäftsgeheimnissen bestehen, etwa im Falle der Pflicht zur Ad-hoc-Publizität nach § 15 WpHG, der eine börsennotierte Gesellschaft unterliegt. In diesem Fall überwiegt nämlich das öffentliche Interesse an der Funktionsfähigkeit der Kapitalmärkte gegenüber dem Geheimhaltungsinteresse der Gesellschaft.

Im Rahmen der folgenden Erörterungen wird untersucht werden, ob und in welchem Umfang ein Vorstand auch zum Zwecke der Due Diligence berechtigt ist, die Geheimhaltungspflicht des § 93 Abs. 1 Satz 2 AktG zu durchbrechen.

Dabei ist zu beachten, dass ein Unternehmenskauf auf zwei verschiedene Arten durchgeführt werden kann. Zum einen ist ein sogenannter *Asset Deal* denkbar, also der Erwerb bestimmter (oder aller) Wirtschaftsgüter einer Gesellschaft. Zum anderen kommt ein *Share Deal* in Betracht. Dabei handelt es sich um den Erwerb

---

[51] *BGHZ* 20, 239 (246); *Mertens*, in: Kölner Komm., § 93 Rdnr. 39; *Hefermehl*, in: Geßler/Hefermehl, § 93 Rdnr. 18.

[52] *Wiesner*, in: MünchHdb AG, § 25 Rdnr. 38; *Hefermehl*, in: Geßler/Hefermehl, § 93 Rdnr. 18; *Hüffer*, § 93 Rdnr. 8.

[53] *Hüffer*, § 93 Rdnr. 8; *Hefermehl*, in: Geßler/Hefermehl, § 93 Rdnr. 21; *Wiesner*, in: MünchHdb AG, § 25 Rdnr. 38.

[54] *Hefermehl*, in: Geßler/Hefermehl, § 93 Rdnr. 22; *Meyer-Landrut*, AG 1964, 325 (326-327).

eines – mehr oder weniger großen – Aktienpakets. Gemeinsam ist beiden Veräußerungsformen zwar, dass Ansprechpartner für die Due Diligence der Vorstand ist. Entscheidender Unterschied zwischen beiden Formen des Unternehmenskaufs ist aber die Tatsache, dass im Falle eines Asset Deals die Gesellschaft selbst Veräußerer ist, während beim Share Deal der Paketaktionär die Verkaufsentscheidung trifft.

## I. Asset Deal

Wie schon dargelegt ist anerkannt, dass eine Durchbrechung der Geheimhaltungspflicht des § 93 Abs. 1 Satz 2 AktG zumindest dann zulässig ist, wenn die Offenbarung im Interesse der Gesellschaft liegt. Überträgt man dies auf die Due Diligence vor einem Asset Deal, bedeutet das, dass die Weitergabe von Unternehmensinterna nicht gegen § 93 Abs. 1 Satz 2 AktG verstößt, wenn die Veräußerung selbst im Gesellschaftsinteresse liegt.

Die Entscheidung über die Veräußerung von Teilen des Unternehmens ist regelmäßig eine eigenverantwortliche Geschäftsführungsmaßnahme, fällt also in die Leitungskompetenz des Vorstandes nach § 76 Abs. 1 AktG.

Eine derartige Veräußerung ist dann keine Leitungsmaßnahme mehr, wenn ein „Holzmüller"-Fall vorliegt, also so tief in die Mitgliedsrechte der Aktionäre eingegriffen wird, dass der Vorstand vernünftigerweise nicht annehmen kann, er dürfe die fragliche Entscheidung in ausschließlich eigener Verantwortung treffen, ohne die Hauptversammlung zu beteiligen[55].

Ferner darf es sich nicht um einen Fall des § 179a AktG handeln, also eine Veräußerung des gesamten Gesellschaftsvermögens. Ein solcher Vertrag bedarf nämlich nach der Vorstellung des Gesetzes eines Hauptversammlungsbeschlusses, der mit einer ¾-Mehrheit des bei der Beschlussfassung anwesenden Stammkapitals getroffen werden muss.

---

[55] *BGHZ* 83, 122 (131).

Liegt kein „Holzmüller"-Fall und kein Fall des § 179a AktG vor, so hat der Vorstand die Vor- und Nachteile der Veräußerung eigenverantwortlich abzuwägen und in diesem Zusammenhang die Folgen einer Due Diligence für die Gesellschaft in seine Entscheidung über den Verkauf des Unternehmensteils mit einzubeziehen. Bei den vorzunehmenden Erwägungen ist insbesondere zu berücksichtigen, dass auch bei Einhaltung bestmöglicher Maßnahmen zum Schutz von Geschäftsgeheimnissen (Letter of Intent, Data Room, Geheimhaltungsvereinbarung usw.)[56] nicht auszuschließen ist, dass im Falle der Aufgabe der Kaufabsicht durch den Erwerbsinteressenten sensible Informationen irreversibel an eine dritte Partei gelangt sind. Liegt die Veräußerung bei Berücksichtigung all dieser Kriterien im Unternehmensinteresse, so ist als Folgemaßnahme der Entscheidung für die Veräußerung auch die Offenbarung von Unternehmensinterna im Rahmen der vorgelagerten Due-Diligence-Prüfung zulässig[57].

## II. Share Deal

Ganz anders ist die Konstellation beim Share Deal. In diesem Fall wird die Veräußerungsentscheidung durch den Paketaktionär getroffen. Dieser und/oder der Erwerbsinteressent tritt dann mit der Bitte an den Vorstand der Aktiengesellschaft heran, gemeinsam mit dem potenziellen Erwerber vor Abschluss des Unternehmenskaufvertrages eine Due Diligence durchzuführen.

Die Due Diligence stellt sich hier also nicht als bloße Folgemaßnahme einer zuvor getroffenen Vorstandsentscheidung über die Veräußerung eines Geschäftsteils dar. Der Vorstand hat vielmehr über die Durchführung oder Nichtdurchführung der Due Diligence selbst zu entscheiden. Dabei ist er dann mit der eigentlichen Fragestellung konfrontiert, ob er als Vorstand der Zielgesellschaft die Due Diligence auf Bitte des potenziellen Erwerbers oder des Veräußerers unterstützen darf, was in aller Regel mit der Offenbarung von Geschäftsgeheimnissen an den Erwerbsinteressenten einhergeht.

---

[56] Ausführlich dazu im Rahmen der Betrachtungen zum Share Deal, siehe B II 1 e) unten.

### 1. Befugnis zur Informationserteilung an den Erwerbsinteressenten

Dass der Erwerbsinteressent selbst keinen Anspruch auf Information hat, ist unbestritten[58]. Zum einen bietet schon das AktG dafür keine Anspruchsgrundlage, zum anderen können auch ungeschriebene Grundsätze wie etwa die gesellschaftsvertragliche Treuepflicht nicht zu einem Anspruch führen, da diese Grundsätze nur innerhalb der Gesellschaft – etwa zwischen Vorstand und Aktionären – wirken, jedoch nicht im Verhältnis zu Dritten, wie einem außenstehenden Erwerber.

#### a) Meinungsstand

Die skizzierte Problemstellung ist zwar erst in den vergangenen sechs Jahren in der wissenschaftlichen Diskussion aufgekommen, doch ist sie in dieser Zeit relativ vehement diskutiert worden.

##### aa) Die Ansicht *Lutters*

*Lutter* ist der Auffassung, dass die Weitergabe von Informationen an einen potenziellen Erwerber zur Unterstützung einer Due Diligence in der Regel nicht zulässig sei[59]. Da die These *Lutters* Ausgangspunkt der Diskussion bezüglich der Vorstandsbefugnisse bei einer Due Diligence ist, soll sie nachfolgend näher dargestellt werden.

*Lutter* geht bei seiner Argumentation davon aus, dass der Vorstand aus den unternehmerischen Interessen der Gesellschaft heraus zu handeln habe, §§ 76, 93 AktG. Regelmäßiger Anwendungsfall einer zulässigen Offenbarung von geheimen Unternehmensdaten der Gesellschaft an einen Dritten sei die Kooperation mit anderen Unternehmen, etwa eine Vertriebskooperation[60]. Dort kollidierten auf der einen Seite das Geheimhaltungsinteresse der Gesellschaft und auf der ande-

---

57 So auch: *Treeck*, in: FS Fikentscher, 434 (448).

58 Vgl. nur: *Ziegler*, DStR 2000, 249 (252).

59 *Lutter*, ZIP 1997, 613 (617).

ren Seite das unternehmerische Interesse der Gesellschaft an der Wahrnehmung der Chance, die sich mit der Kooperation biete[61]. In einem solchen Fall der Kollision entgegengesetzter Interessen der Gesellschaft habe der Vorstand der Aktiengesellschaft möglichst schonend abzuwägen[62]. Die Abwägung könne dann ein Überwiegen der Chancen und daher eine Zulässigkeit der Durchbrechung der Geheimhaltungspflicht des § 93 Abs. 1 Satz 2 AktG[63] ergeben. Allerdings handele es sich bei den im Zusammenhang mit der Kooperation zweier Unternehmen offenbarten Daten lediglich um sektorale und selektive Informationen[64]. Im Gegensatz dazu würden bei der Due Diligence globale Daten offenbart, die eine Bewertung der gesamten wirtschaftlichen und unternehmerischen Situation der Gesellschaft zuließen. Einer solchen umfassenden Offenbarung von Unternehmensinterna müsse daher auch ein ebenso umfassendes, also ein überragendes Interesse der Gesellschaft an dieser Offenbarung gegenüberstehen[65]. Es müsse sich bei der durch die Due Diligence vorbereiteten Transaktion quasi um eine „unwiederbringliche unternehmerische Chance" für die Gesellschaft handeln[66]. Das könne zum Beispiel dann der Fall sein, wenn die Gesellschaft in einer Existenzkrise stecke und die Anlehnung an einen „großen Bruder" zur Existenzsicherung der Gesellschaft notwendig sei[67]. In einem solchen Fall sei ja ausnahmsweise sogar ein eigentlich unzulässiger Bezugsrechtsausschluss zulässig[68].

> Interessant ist in diesem Zusammenhang, dass *Lutter* im Fall der Existenzkrise sogar eine *Pflicht* des Vorstandes zur Unterstützung der Due Diligence als gegeben sieht[69]. Im Umkehrschluss müsste das dann aber heißen, das aus *Lutters* Sicht das bloße *Recht* des Vorstandes zur Unterstützung einer erwerberseitig gewünschten Due Diligence gar nicht bestehen kann, da ja die Existenzkrise aus seiner Sicht der einzig zulässige Fall ist. Ent-

---

60 *Lutter*, ZIP 1997, 613 (617).
61 *Lutter*, ZIP 1997, 613 (617).
62 *Lutter*, ZIP 1997, 613 (617).
63 *Lutter*, ZIP 1997, 613 (617).
64 *Lutter*, ZIP 1997, 613 (617).
65 *Lutter*, ZIP 1997, 613 (617).
66 *Lutter*, ZIP 1997, 613 (617).
67 *Lutter*, ZIP 1997, 613 (617).
68 *Lutter*, ZIP 1997, 613 (617).
69 *Lutter*, ZIP 1997, 613 (617).

weder müsste der Vorstand dann also verpflichtet sein, die Due Diligence zu unterstützen, oder er dürfte es überhaupt nicht.

Ein Recht des Vorstandes zur Förderung einer Due Diligence besteht nach Auffassung *Lutters* demgemäß allenfalls in extrem gelagerten Ausnahmefällen[70].

### bb) Andere Ansichten

Die Gegenmeinung zu *Lutters* Äußerungen will die Due Diligence durch den potenziellen Erwerber nicht nur in Extremfällen zulassen, sondern schon dann, wenn eine Gesamtabwägung aller Umstände durch den Vorstand ergebe, dass die angestrebte Transaktion im Interesse der Gesellschaft liege[71]. Wenn dies der Fall sei, sei für die Zulässigkeit der Due Diligence lediglich noch erforderlich, dass die Offenbarung für das Zustandekommen des Geschäfts unumgänglich ist und dass die weitere Geheimhaltung der offenbarten Geschäftsgeheimnisse durch die an der Transaktion Beteiligten gewährleistet werde, etwa durch Geheimhaltungsvereinbarungen oder andere Maßnahmen zur Risikobegrenzung[72].

Kritisiert wird an *Lutters* Argumentation, dass diese nicht ausreichend die Interessen des Unternehmens und der Aktionäre berücksichtige, sondern überpointiert die Geheimhaltungspflicht des Vorstandes betone[73]. Eine Unzulässigkeit der Due Diligence lasse sich nicht mit Absolutheit postulieren, sondern sei immer eine Frage des Einzelfalls[74]. Der Vorstand könne nicht von seiner Pflicht zur Abwägung der widerstreitenden Interessen entbunden werden[75]. Auch enthalte § 93 Abs. 1 Satz 2 AktG keine gesetzliche Vermutung, dass im Zweifel unternehmens-

---

70 *Lutter*, ZIP 1997, 613 (617).

71 *Holzapfel/Pöllath* Rdnr. 17; *Hüffer* § 93 Rdnr. 8; *Roschmann/Frey*, AG 1996, 449 (451); *Mertens*, AG 1997, 541 (546); *Schroeder*, DB 1997, 2161 (2163), *Kiethe*, NZG 1999, 976 (979); *Ziegler*, DStR 2000, 249 (252); *Kl. J. Müller*, NJW 2000, 3452 (3452); *Stoffels*, ZHR 2001, 362 (367); *Körber*, NZG 2002, 263 (269); *Linker/Zinger*, NZG 2002, 497 (500).

72 *Holzapfel/Pöllath* Rdnr. 17; *Hüffer* § 93 Rdnr. 8; *Roschmann/Frey*, AG 1996, 449 (451); *Mertens*, AG 1997, 541 (546); *Schroeder*, DB 1997, 2161 (2163), *Kiethe*, NZG 1999, 976 (979); *Ziegler*, DStR 2000, 249 (252).

73 *Mertens*, AG 1997, 541 (542); *Kl. J. Müller*, NJW 2000, 3452 (3453f.); *Körber*, NZG 2002, 263 (269).

74 *Holzapfel/Pöllath* Rdnr. 17; *Schroeder*, DB 1997, 2161 (2162).

bezogene Informationen vollständig geheimhaltungsbedürftig seien[76]. Darüber hinaus sei der Vergleich zwischen der punktuellen Informationsweitergabe im Rahmen einer Unternehmenskooperation und der globalen Weitergabe im Rahmen einer Due Diligence untauglich, denn die Gefahr bei der Kooperation sei oftmals ebenso groß, da häufig besonders brisante Informationen an einen Wettbewerber herausgegeben würden[77]. Ferner sei der Hinweis *Lutters* auf die Rechtslage beim Bezugsrechtsausschluss nicht mehr stichhaltig, da der BGH mit der Entscheidung *Siemens/Nold*[78] seine bisherige Rechtsprechung aufgegeben habe und nunmehr schon wohlverstandene Gesellschaftsinteressen einen Bezugsrechtsausschluss rechtfertigen könnten[79]. Außerdem könne der Vorstand bei der Due Diligence durchaus selektieren und etwa Informationen aus dem Bereich der Unternehmensplanung zurückhalten, ohne dem Ziel der Due Diligence Abbruch zu tun[80]. Schließlich wird noch darauf hingewiesen, dass eine generelle Unzulässigkeit der Due Diligence die deutschen Unternehmen auf dem internationalen Unternehmensmarkt, auf dem die Due Diligence zum „absoluten Standard" gehöre, überaus benachteiligen würde[81].

Eine vermittelnde Ansicht will zwar die Due Diligence zulassen, wenn ein (nicht unbedingt existenzielles) Interesse der Gesellschaft am Aktionärswechsel besteht, sieht aber die Geheimhaltungsinteressen der Zielgesellschaft nur dann gewahrt, wenn die Due Diligence durch einen neutralen und zur Berufsverschwiegenheit verpflichteten Dritten, zum Beispiel einen Wirtschaftsprüfer, durchgeführt wird[82]. Dieser müsse die Due Diligence eigenverantwortlich durchführen und dürfe dem Veräußerer und dem Erwerber lediglich die Ergebnisse seiner Untersuchung, nicht aber die untersuchten Daten selbst, zur Verfügung stellen. Diese Auffassung wird mit dem Argument begründet, dass im Veräußerungsfalle keine

---

75 *Schroeder*, DB 1997, 2161 (2162).
76 *Schroeder*, DB 1997, 2161 (2162); *Körber*, NZG 2002, 263 (269).
77 *Mertens*, AG 1997, 541 (542); *Ziegler*, DStR 2000, 249 (252).
78 *BGH*, DStR 1997, 1460 ff.
79 *Ziegler*, DStR 2000, 249 (252).
80 *Mertens*, AG 1997, 541 (542); *Kl. J. Müller*, NJW 2000, 3452 (3454); dezidiert dazu unter dem Aspekt der „Feinsteuerung" der Due Diligence: *Körber*, NZG 2002, 263 (270).
81 *Kiethe*, NZG 1999, 976 (979); *Körber*, NZG 2002, 263 (269) akzentuiert diesen Gedanken: niemand wolle „die Katze im Sack kaufen".
82 *Bihr*, BB 1998, 1198, 1199; *Ziemons*, AG 1999, 492 (497).

Interessenidentität von Gesellschaft und veräußerungswilligem Aktionär mehr bestehe, so dass anders als durch den neutralen Dritten zwischen den widerstreitenden Interessen kein Ausgleich geschaffen werden könne[83].

Diese Meinung wird wiederum von Vertretern der zuerst genannten Gegenansicht mit dem Argument angegriffen, dass der neutrale Dritte nur dann erforderlich sei, wenn die Wahrung des Geheimnischarakters der offenbarten Informationen nicht schon durch eine erwerberseitige Verschwiegenheitsverpflichtung gewährleistet werden kann[84]. Das könne dann gegeben sein, wenn es sich bei dem Erwerber um einen unmittelbaren Konkurrenten handele und es um die Weitergabe unmittelbar wettbewerbsrelevanter Informationen gehe[85]. Ansonsten bedürfe es des Umweges über eine dritte Person jedoch nicht.

### cc) Zusammenfassung der Meinungen

Wie gesehen lehnt *Lutter* die Zulässigkeit einer Due Diligence bis auf die – wie er selbst zugibt – äußerst seltenen Fälle ab, in denen sich mit der Veräußerung des Aktienpakets eine unwiederbringliche Chance für die Gesellschaft ergibt. Die mittlerweile herrschende Gegenauffassung gesteht dem Vorstand einer Aktiengesellschaft zu, eine Due Diligence zu unterstützen, sofern die Gesamttransaktion im Gesellschaftsinteresse liegt und sich durch geeignete Maßnahmen zur Risikobegrenzung das Geheimhaltungsinteresse der Gesellschaft wahren lässt. Eine differenzierende Auffassung stimmt der Gegenauffassung zwar grundsätzlich zu, das Geheimhaltungsinteresse der Gesellschaft kann ihrer Ansicht nach aber nur dadurch gewährleistet werden, dass ein zur Berufsverschwiegenheit verpflichteter neutraler Dritter die Due Diligence durchführt.

Die aufgezeigte Problematik wird nachfolgend untersucht werden. Dabei soll zunächst anhand vergleichbarer Konstellationen versucht werden, *Lutters* Ansicht von der nahezu völligen Unzulässigkeit der Due Diligence zu widerlegen (b). An-

---

83 *Bihr*, BB 1998, 1198, 1199.
84 *Werner*, ZIP 2000, 989 (991).
85 *Werner*, ZIP 2000, 989 (991); Körber, NZG 2002, 263 (271).

schließend wird nach einer kurzen Erörterung, in wessen Zuständigkeit die Entscheidung über die Gestattung der Due Diligence fällt (c), auf den Abwägungsmaßstab für eine Entscheidung pro oder contra Due Diligence eingegangen werden (d). Schließlich werden dann mögliche Maßnahmen zur Begrenzung der sich aus einer Due Diligence ergebenden Risiken erörtert werden (e).

**b) Vergleichbare Konstellationen**

Es stellt sich die Frage, ob sich die Auffassung von der nahezu völligen Unzulässigkeit der Due Diligence vor dem Share Deal mit dem Argument aufrecht erhalten lässt, eine solche Maßnahme sei viel zu riskant für die betroffene Gesellschaft. Dazu wird nun auf vergleichbare Konstellationen eingegangen werden, in denen eine Due Diligence oder zumindest die Offenbarung wesentlicher Unternehmensinterna üblich bzw. vorgeschrieben ist.

Vorausgeschickt werden muss, dass aus den nachfolgend angeführten Aspekten nicht notwendigerweise auf eine Rechtmäßigkeit der Offenbarung von Unternehmensinterna im Rahmen einer Due Diligence geschlossen werden darf. Vielmehr bedarf es, nachdem die Beispiele zunächst vorgestellt worden sind (aa-gg), einer Bewertung der Konstellationen und einer Erörterung, inwieweit sie auf die Due-Diligence Situation vor dem Share Deal übertragbar sind (hh).

**aa) Börsenzulassung**

Eine Aktiengesellschaft muss bei der Zulassung von Wertpapieren zu amtlichem Handel und neuem Markt[86] an einer Wertpapierbörse einen umfangreichen Prospekt veröffentlichen (§§ 36 Abs. 3 Nr. 2, 38 Abs. 1 Nr. 2 BörsG iVm §§ 13 ff. BörsZulV), der unter anderem auch detaillierte Angaben zur Geschäftstätigkeit des Emittenten enthalten muss (§ 20 BörsZulV). Solche Informationen werden regelmäßig im Wege einer Due Diligence gewonnen[87]. Dabei ist allerdings zu be-

[86] Vgl. dazu: *Kullmann/van Aerssen*, ZBB 2000, 10 (22 ff.)
[87] *Wegmann/Koch*, DStR 2000, 1027 (1027); *Winterstetter/Paukstadt/Hegmann/Wonnemann*, DStR 2000, 1322 (1325).

denken, dass der Börsenzulassungsprospekt, der dann tatsächlich an die Öffentlichkeit kommt, zwar sehr detaillierte und womöglich auch bisher geheime Daten enthalten wird, jedoch wirklich sensible Informationen (wie Patente, persönliche Arbeitnehmerdaten usw.) wegen des Geheimhaltungsinteresses der Gesellschaft gerade ausgeklammert sein werden.

Bei dem Börsengang bzw. der Börsenzulassung handelt es sich, obwohl sie im Interesse der Gesellschaft liegen, in der Regel nicht um eine „unwiederbringliche Chance“ für die Gesellschaft. Vielmehr hat der Vorstand bei der Entscheidung für den Börsengang die Vorteile der Maßnahme erwogen und in diesem Rahmen auch über den Börsenzulassungsprospekt und die zugehörige Due Diligence zu entscheiden gehabt. Dabei wird er zu dem Ergebnis gekommen sein, dass die Risiken einer Offenbarung detaillierter Geschäftsinformationen vernachlässigenswert sind, wenn man die Chancen der Börsennotierung berücksichtigt.

Wenn also das Börsengesetz und die Börsenzulassungsverordnung schon eine Veröffentlichung von auf Grund einer Due Diligence gewonnenen Informationen vorschreibt, so kann es auch im Falle der einem Share Deal vorgelagerten Due Diligence nicht sein, dass die Offenbarung der Unternehmensinterna grundsätzlich unzulässig ist. Vielmehr zeigen die börsenrechtlichen Regelungen, dass es Situationen geben **kann**, in denen eine Offenbarung sensibler Informationen zulässig ist und das Geheimhaltungsinteresse der Gesellschaft zurückstehen muss.

### bb) Eigenkapitalaufnahme über Venture-Capital-Fonds

Auch außerhalb eines Börsengangs kann sich die Notwendigkeit einer Due Diligence ergeben. So ist es gerade für junge Aktiengesellschaften, z. B. sogenannte Start-ups notwendig, nach der Gründungsphase über sogenannte Venture-Capital-Fonds Eigenkapital aufzunehmen[88]. Eine solche Eigenkapitalaufnahme ist aber nicht möglich, wenn nicht die Risikobeteiligungsgesellschaft zuvor die Gesellschaft detailliert geprüft hat, weil sie sonst ihrerseits ihre Sorgfaltspflichten ge-

---

[88] *Kußmaul/Richter*, DStR 2000, 1155 ff.; *Pfeifer*, BB 1999, 1665 (1665).

genüber ihren Anlegern verletzt. Deshalb verlangt der Venture-Capital-Fonds vor einer Beteiligung an der Gesellschaft auch die Durchführung einer Due Diligence[89]. Diese liegt in dem Fall sowohl im Interesse des Kapitalgebers und – da die Gesellschaft auf das frische Kapital angewiesen ist – auch im Interesse der Gesellschaft.

Auch in diesem Fall liegt das zu tätigende Geschäft – die Kapitalaufnahme – derart im Interesse der Gesellschaft, dass das Geheimhaltungsinteresse zurückstehen muss.

### cc) Begebung von High-Yield-Anleihen

Ferner bedarf es für die Begebung von High-Yield-Anleihen[90], die sich auch in Deutschland – vor allem im Bereich der sogenannten New Economy – immer mehr durchsetzen, der Durchführung einer Due Diligence, da sonst ein Investor nicht bereit ist, die sich aus der Anleihe ergebenden Risiken zu tragen[91].

Auch in diesem Fall überwiegt, wie schon in den vorangegangenen Beispielen, das Gesellschaftsinteresse an der Kapitalaufnahme gegenüber dem Geheimhaltungsinteresse der Gesellschaft.

### dd) Kapitaleinwerbung auf Road-Shows

Gleiches gilt für die Fälle, in denen sich die Gesellschaft um internationales Kapital bewirbt und sich deswegen auf eine sogenannte Road-Show begibt[92]. Bei einer solchen stellt sich die Gesellschaft den potenziellen Kapitalgebern vor und offenbart in ihrem eigenen Interesse dabei wesentliche Unternehmensinterna. Denn nur wenn sie dies tut, kann sich ein ausländischer Kapitalgeber ein zuverlässiges Bild über die Gesellschaft machen und sich auf Grund des gewonnenen

---

89 *Pfeifer*, BB 1999, 1665 (1669).
90 Hochzinsanleihen, die mit besonderen Vertragspflichten des Emittenten (sog. Covenants) abgesichert sind.
91 *Kusserow/Dittrich*, WM 2000, 745 (747).

Eindrucks möglicherweise dazu entscheiden, die Gesellschaft mit Eigen- oder Fremdkapital zu versorgen.

**ee) Ad-hoc-Publizität**

Eine weitere Besonderheit, die im Zusammenhang mit börsennotierten Gesellschaften Berücksichtigung finden sollte, ist der Umstand, dass eine Aktiengesellschaft, die an einer deutschen Wertpapierbörse zugelassen ist, nach § 15 WpHG ad-hoc-publizitätspflichtig ist. Das heißt, dass die Gesellschaft alle Tatsachen, die wegen der Auswirkungen auf die Vermögens- und Finanzlage oder den allgemeinen Geschäftsverlauf der Gesellschaft dazu geeignet sind, den Börsenpreis zu beeinflussen, in einem Börsenpflichtblatt und einem elektronischen Informationsverbreitungssystem zu veröffentlichen hat. Zweck dieser Vorschrift ist, unangemessene Informationsdefizite der Anleger zu vermeiden und den Spielraum für illegale Insidergeschäfte zu verkleinern[93].

Auch hier werden also Informationen veröffentlicht, deren Offenbarung noch vor einigen Jahren unzulässig gewesen wäre. Die Ad-hoc-Publizitätspflicht ist deshalb ein weiteres Beispiel dafür, dass die Offenbarung sensibler Informationen aus dem inneren Bereich der Gesellschaft heute nichts Unübliches mehr ist und deswegen nicht als pauschales Argument für eine restriktive Handhabung der Due Diligence vor einem Share Deal herangezogen werden kann.

**ff) Verschmelzung**

Die Verschmelzung nach dem UmwG verlangt die Erstellung eines Verschmelzungsberichtes nach § 8 UmwG, der gemäß § 63 Abs. 1 Nr. 4 UmwG den Aktionären der Gesellschaft, und damit faktisch der Öffentlichkeit, bekannt zu machen ist. Außerdem erfordert die Gestaltung des Verschmelzungsvertrages eine Due Diligence, bei der sich die beteiligten Rechtsträger ihre Unternehmensgeheimnis-

---

92 *Mertens*, AG 1997, 541 (546).
93 *Götze*, BB 1998, 2326 (2327).

se gegenseitig offenbaren[94]. Dies ist schon allein deswegen notwendig, um ein angemessenes Umtauschverhältnis zu ermitteln und eine Schadensersatzpflicht nach § 25 UmwG zu vermeiden[95].

Auch bei der Verschmelzung, die in manchen Fällen ja nur eine bloße Alternative zum Share Deal darstellt, ist demnach eine Due Diligence üblich und notwendig, da dort das Interesse der Gesellschaft an dem Gesamtprojekt das Geheimhaltungsinteresse überwiegt.

### gg) Privatisierung von Unternehmen der öffentlichen Hand

Als letztes Beispiel für die Üblichkeit und Notwendigkeit einer Due Diligence sei der Fall der Privatisierung von Unternehmen der öffentlichen Hand genannt. Schon allein, weil die öffentlichen Kassen ein vitales Interesse daran haben, einen variablen Kaufpreis auszuschließen und keine Gewährleistungen in den Kaufvertrag aufzunehmen[96], ist die Veräußerung von Gesellschaftsanteilen, die sich in staatlichen Händen befinden, ohne vorherige Due Diligence undenkbar. Denn nur so können versteckte Risiken vorzeitig aufgedeckt und in die Vertragsgestaltung und die Kaufpreisfindung mit einbezogen werden.

### hh) Schlussfolgerung

Die genannten Beispiele sind teilweise sehr unterschiedlich. So dienen die börsenrechtlichen Bestimmungen vorrangig dem Schutz des Kapitalmarktes und nicht nur dem Individualinteresse eines Aktionärs[97]. Außerdem werden sowohl Ad-hoc-Meldungen als auch Börsenzulassungsprospekte in den wenigsten Fällen dieselbe Informationsdichte aufweisen wie eine Due Diligence beim Anteilserwerb[98]. Ferner beruhen einige Offenbarungskonstellationen auf gesetzlichen Verpflichtungen (bei Börsenzulassung, Verschmelzung und Ad-hoc-Publizität), ande-

---

94 *Mertens*, AG 1997, 541 (546).
95 *Dehmer*, § 25 Rdnr. 19; *Grunewald*, in: Lutter, UmwG, § 25 Rdnr. 10.
96 *Mertens*, AG 1997, 541 (545).
97 *Schwark*, § 36 Rdnr. 3.

re haben sich selbständig als „üblich“ durchgesetzt (bei Venture-Captital-Fonds, Hochzinsanleihen, Road-Shows, Privatisierungen).

Dennoch weisen alle Beispiele eine wichtige Übereinstimmung auf, nämlich das Risiko des Scheiterns der Geschäfte. Allen aufgeführten Rechtsgeschäften ist das erhöhte Risiko gemeinsam, dass die Vertragsverhandlungen nach Durchführung der Due Diligence und vor Abschluss des eigentlichen Geschäftes abgebrochen werden und in diesem Fall der potenzielle Vertragspartner Informationen erlangt hat, die nicht in seine Hände gehören. Trotz dieses Risikos wird in all diesen Fällen die Due Diligence bzw. die Informationsoffenbarung für zulässig erachtet, weil das angestrebte Geschäft im Interesse der Gesellschaft liegt und daher das Geheimhaltungsinteresse der Gesellschaft zurücktreten muss.

Vor diesem Hintergrund erscheint es nur schwer vertretbar, mit *Lutter* die Due Diligence im Vorfeld des Share Deals ausschließlich auf Grund des hohen Risikos, das sie für die Gesellschaft mit sich bringt, für unzulässig zu erachten, auch wenn die Transaktion im Gesellschaftsinteresse liegen sollte. Denn die angeführten Vergleiche haben ergeben, dass die Offenbarung von sensiblen Unternehmensinterna sich heutzutage nicht mehr als ungewöhnliche Ausnahme darstellt, sondern in verschiedenen Gesetzen und in der Rechtswirklichkeit einen festen Platz gefunden hat.

Es bedarf also vielmehr jeweils einer Abwägung, ob das konkrete Geschäft im Gesellschaftsinteresse liegt und dieses Interesse gegenüber dem Geheimhaltungsinteresse der Gesellschaft überwiegt.

### c) Entscheidungszuständigkeit

Die meisten der eingangs dargestellten Ansichten[99] gehen wie selbstverständlich davon aus, dass die Abwägung zwischen dem Geheimhaltungsinteresse der Gesellschaft und dem Gesellschaftsinteresse an der Informationsoffenbarung in den

---

[98] Zur Informationsdichte vgl. auch unten: B II 1 e) ee) und ff).

Kompetenzbereich des Vorstandes der Aktiengesellschaft fällt, ohne diese Frage zumindest kurz abzuhandeln.

Erörterungswürdig erscheint die Frage nach der Zuständigkeit zumindest deshalb, weil es durch die Due Diligence zu einer sehr weitreichenden „Bloßstellung" der Gesellschaft kommt und bei Außerachtlassung der erforderlichen Maßnahmen zur Risikobegrenzung ein Dritter, möglicherweise sogar ein Wettbewerber, ungehinderten Zugang zu Geschäftsinformationen erhält und die Gesellschaft so in die Gefahr der Beeinträchtigung oder gar des Verlustes ihrer Marktposition gerät. Eine derartig weitreichende Maßnahme könnte in die Kompetenz der Hauptversammlung oder des Aufsichtsrats fallen.

**aa) Hauptversammlung?**

Eine diesbezügliche Hauptversammlungskompetenz ist aber sehr zweifelhaft.

Wenn schon, wie im Rahmen der Erörterungen zum Asset Deal gesehen, die Entscheidung über die Veräußerung von Betriebsvermögen in all den Fällen, in denen es sich **nicht** um eine „Holzmüller"- oder § 179a AktG-Entscheidung handelt, in die Zuständigkeit des Vorstandes fällt, so muss dies erst recht mit dem *argumentum a maiore ad minus* für die Entscheidung über die bloße Vorbereitungsmaßnahme einer Transaktion, nämlich die Due Diligence, gelten, vor allem im Falle eines Share Deals. Denn dann ist die Gesellschaft gar nicht Partei der Transaktion.

Zu diesem Ergebnis kommt man auch, wenn man Sinn und Zweck der „Holzmüller"-Entscheidung und des § 179a AktG betrachtet. Hintergrund der „Holzmüller"-Entscheidung war, Minderheitsaktionäre davor zu schützen, dass ihnen der Vorstand durch Abspaltung von Betriebskapital die Befugnis entzieht, über dessen Einsatz zu entscheiden sowie das Verlustrisiko und die Ergebnisverwendung zu

98 Vgl. B II 1 a) oben.

beeinflussen[100]. § 179a AktG bezweckt den Schutz der Aktionäre, vorrangig der Minderheitsaktionäre im Falle der Vermögensübertragung, vor allem im Falle der Übertragung auf einen Mehrheitsaktionär[101]. Die Aktionäre sollen also davor bewahrt werden, dass ihrem Unternehmen plötzlich nahezu das gesamte Betriebsvermögen, und damit die Grundlage der Wirtschaftsführung entzogen wird. Solche Situationen drohen aber weder durch die Due Diligence noch durch die bevorstehende Übertragung eines Aktienpakets von einem Großaktionär auf einen Dritten. Die Entscheidung des Vorstandes über die Unterstützung einer Due Diligence, die von dem potenziellen Erwerber eines Aktienpakets gewünscht wird, stellt also keinen „Holzmüller"-Fall dar und auch keinen Fall des § 179a AktG.

Auch sind weder der dem Urteil zugrunde liegende Gedanke noch die Norm analog auf den vorliegenden Sachverhalt anwendbar. Zwar besteht gerade bei der Übernahme einer Mehrheitsbeteiligung immer die latente Gefahr, dass der Erwerber diese Mehrheit auch zu eigennützigen Zwecken einsetzt, zum Beispiel, um die Gesellschaft in seinen Konzern einzugliedern oder um als Mehrheitsaktionäre dergestalt Einfluss auf den Vorstand zu nehmen, dass wesentliche Teile des Unternehmens „verschleudert" werden. Dadurch könnte es dann auch zu einem Verlust der Werthaltigkeit der Aktien der verbleibenden Aktionäre kommen.

Voraussetzung für eine Analogie ist jedoch immer zweierlei: zum einen muss eine planwidrige Regelungslücke vorliegen[102], zum anderen muss rechtliche Vergleichbarkeit zwischen den Fällen bestehen[103].

Schon eine planwidrige Regelungslücke ist in diesem Zusammenhang nicht gegeben. Zum einen hat der Gesetzgeber im Aktiengesetz klar festgelegt, dass die Leitung der Gesellschaft und die Geschäftsführung Sache des Vorstandes sind, §§ 76, 77 AktG. Zum anderen ist es nicht Aufgabe der Kompetenzverteilungsregeln des AktG, den bestehenden Aktionärskreis vor unternehmerischen Fehlentscheidungen des Vorstandes (welche die Entscheidung über die Unterstützung

---

100 *BGHZ* 83, 122 (136).
101 *Kropff*, in: Geßler/Hefermehl, § 361 Rdnr. 3; *Hüffer*, § 179a Rdnr. 1.
102 *Larenz*, Methodenlehre, S. 373.

der Due Diligence sein könnte) oder vor einem Wechsel der Aktionärsstruktur zu schützen. Sofern die Voraussetzungen des § 93 Abs. 2 AktG erfüllt sind, führen pflichtwidrige Handlungen des Vorstandes zu einer Schadensersatzpflicht. Und ein Missbrauch der Aktionärsstellung ist sanktioniert, wenn der neue Paketaktionär beginnt, Einfluss auf die Gesellschaft zu nehmen. Denn dann bietet das Aktiengesetz mit den §§ 291 ff. AktG, und dort insbesondere mit den § 293 AktG (Zustimmung der Hauptversammlung zum Beherrschungsvertrag), §§ 304, 305 AktG (Ausgleich und Abfindung für außenstehende Aktionäre), §§ 311, 317 AktG (Nachteilsausgleich- und Schadensersatzpflicht im faktischen Konzern) einen vielleicht im Einzelfall nicht immer befriedigenden, aber jedenfalls ausreichenden Schutz der Interessen der (Minderheits-)Aktionäre.

Neben diesen Erwägungen zum Vorliegen einer Regelungslücke sind die Fälle im Ergebnis auch nicht vergleichbar. Vermögensinteressen der nicht an der Transaktion beteiligten Aktionäre sind nämlich durch die Due Diligence selbst nicht betroffen. Die oben beschriebenen Auswirkungen sind mittelbare Folgen der Transaktion, da sie erst dann eintreten, wenn sich der Erwerber des Aktienpaketes zu einer Einflussnahme auf die Gesellschaft entschließt. Ein etwaiger Verlust der Werthaltigkeit der Aktien der verbleibenden Aktionäre kann folglich nicht als gerade durch die Due Diligence verursachte Folge angesehen werden. Eine Analogie zu „Holzmüller" und § 179a AktG lässt sich demnach nicht ziehen.

Die Hauptversammlung ist deshalb richtigerweise nicht zuständig, über die Due Diligence zu entscheiden[104].

**bb) Aufsichtsrat?**

Auch dass der Aufsichtsrat mit dem Beschluss über die Due Diligence befasst werden sollte, wie von Einzelnen gefordert[105], ist nicht verständlich. Entweder ist

---

[103] *Larenz*, Methodenlehre, S. 381.

[104] Zustimmend: *Roschmann/Frey*, AG 1996, 449 (451 f.); *Körber*, NZG 2002, 263 (268); *Linker/Zinger*, NZG 2002, 497 (497).

[105] *Bihr*, BB 1998, 1198, 1200; *Ziemons*, AG 1999, 492 (494), ablehnend zu Recht: *Körber*, NZG 2002, 263 (268); *Linker/Zinger*, NZG 2002, 497 (497).

eine Maßnahme eine „normale" Leitungsmaßnahme. Dann ist selbstverständlich nur die Zuständigkeit des Vorstandes gegeben, §§ 76, 77 AktG. Oder eine Maßnahme ist so wesentlich, dass ausnahmsweise die Hauptversammlung mit ihr befasst werden muss. Ein wie auch immer geartetes „Mittelding", bei dem zusätzlich zum Vorstandsbeschluss ein Aufsichtsratsbeschluss erforderlich sein soll, ist – vorbehaltlich einer derartigen Regelung in der Satzung oder durch einen Aufsichtsratsbeschluss, § 111 Abs. 4 Satz 2 AktG – abzulehnen. Ebenso besteht kein Weisungsrecht des Aufsichtsrates, mit dem er die Entscheidung des Vorstandes in irgendeine Richtung beeinflussen könnte[106].

### cc) Zwischenergebnis

Wie dargelegt wird die Frage nach der Kompetenz zur Entscheidung über die Durchführung oder Nichtdurchführung der Due Diligence berechtigterweise kaum erörtert. Sie liegt nämlich als Geschäftsführungsmaßnahme in der originären Leitungszuständigkeit des Vorstandes, §§ 76, 77 AktG.

### d) Abwägungsmaßstab des Vorstands

Wie schon in der Meinungsdarstellung (oben a)) und außerdem anhand der Vergleichskonstellationen (oben b)) gesehen, läuft die Entscheidung über die Durchführung oder Nichtdurchführung einer Due Diligence letztlich auf eine Abwägung zwischen dem Geheimhaltungsinteresse der Gesellschaft einerseits und dem objektiven Gesellschaftsinteresse an der Transaktion andererseits hinaus. *Verkürzt* ausgedrückt, lassen sich die meisten Ansichten auf die Aussage reduzieren, dass die Due Diligence unzulässig sei, wenn der angestrebte Wechsel in der Aktionärsstruktur der Gesellschaft keine Vorteile bringe, da dann das Geheimhaltungsinteresse überwiege[107].

---

[106] *Hefermehl*, in: Geßler/Hefermehl, § 76 Rdnr. 12; *Mertens*, in: Kölner Komm., § 76 Rdnr. 42; *Hüffer* § 76 Rdnr. 10 f.

[107] Im Detail ist dabei - wie dargelegt - umstritten, ob schon „einfache" Vorteile oder erst überragende Vorteile die Due Diligence rechtfertigen sowie ob und inwiefern die Abwägung durch entsprechende Maßnahmen zur Risikobegrenzung zu Gunsten der Due Diligence beeinflusst werden kann; vgl. dazu die Streitdarstellung unter B II 1 a) oben.

Leider lassen viele Autoren Aussagen darüber, wann ein Überwiegen des Gesellschaftsinteresses in Betracht kommt, vermissen[108]. Außerdem drängt sich oftmals der Eindruck auf, dass mit Gesellschaftsinteresse das reine „Unternehmensinteresse" im Sinne eines Eigeninteresses der Gesellschaft gemeint sei. Mit einer solchen Interpretation würde aber verkannt, dass in einer Aktiengesellschaft vielfältige Interessen zusammentreffen.

Träger der Gesellschaftsinteressen sind zunächst einmal die Aktionäre und die Arbeitnehmer, aber auch die Öffentlichkeit mit ihren gesamtwirtschaftlichen Interessen[109]. Von diesen drei Interessen überwiegt nicht per se eines. Vielmehr hat der Vorstand bei allen Entscheidungen die Interessenpluralität in der Aktiengesellschaft zu berücksichtigen und die widerstreitenden Interessen im Wege praktischer Konkordanz zum Ausgleich zu bringen[110]. Das gilt auch für die Entscheidung über eine Due Diligence.

Ob es zudem – unabhängig von diesen drei Interessen – auch ein „Unternehmensinteresse" an sich gibt, ist terminologisch wie inhaltlich umstritten[111]. Wenn man damit das Eigeninteresse der Gesellschaft am Bestand des Unternehmens und an dauerhafter Rentabilität meint[112], so bedarf es dieses Begriffes eigentlich nicht. Denn dafür hat der Vorstand schon im Interesse von Aktionären, Arbeitnehmern und Gesamtwirtschaft zu sorgen. Es spricht daher einiges dafür, den Begriff des „Unternehmensinteresses" nicht als zusätzliches Interesse innerhalb des „Gesellschaftsinteresses im weiteren Sinne" zu begreifen, sondern den Begriff allenfalls als Synonym für das Gesellschaftsinteresse zu verwenden.

---

108 Ausnahmen bilden, soweit ersichtlich: *Mertens*, AG 1997, 541 (545); *Schroeder*, DB 1997, 2161 (2162); *Körber*, NZG 2002, 263 (269) und in Ansätzen: *Linker/Zinger*, NZG 2002, 497 (500).

109 *Hüffer*, § 76 Rdnr. 13; *Hefermehl*, in: Geßler/Hefermehl § 76 Rdnr. 19; *Mertens*, in: Kölner Komm., § 76 Rdnr. 5 f.

110 *Mertens*, in: Kölner Komm., § 76 Rdnr. 19; *Wiedemann*, S. 623 ff.

111 Vgl. dazu: *Zöllner*, in: Kölner Komm., Einl. Rdnr. 129 ff., mit ausführlichen Nachweisen zu weiterführender Literatur (Rdnr. 136).

112 So wohl *Zöllner*, in: Kölner Komm., Einl. Rdnr. 136; *Mertens*, in: Kölner Komm., § 76 Rdnr. 6; *Raiser*, in: FS R. Schmidt, 101 (108 ff.); *Junge*, in: FS Caemmerer, 547 (555 f.).

Jedenfalls ist der Streit vorliegend aber nicht weiterführend und soll folglich auch nicht eingehender beleuchtet werden. Denn es ist weniger von Interesse, wie der Begriff des Gesellschaftsinteresses – und mit ihm die Figur des „Unternehmensinteresses" – nun *abstrakt* zu definieren ist. Von größerem Interesse ist vielmehr, welche Faktoren *konkret* die Abwägung des Vorstandes zugunsten oder zu Lasten einer Due Diligence beeinflussen.

Wenn in den weiteren Betrachtungen von „Gesellschaftsinteresse" gesprochen wird, sind daher alle zuvor angeführten – teils widerstreitenden – Interessen in ihrer Pluralität, also das „Gesellschaftsinteresse im weiteren Sinne", gemeint. Die jeweiligen Partikularinteressen werden gegebenenfalls im Einzelnen angesprochen.

Nachfolgend werden die wesentlichen Umstände untersucht werden, welche im Rahmen der Veräußerung eines Aktienpakets das objektive Gesellschaftsinteresse derart beeinflussen können, dass es gegenüber dem Geheimhaltungsinteresse überwiegt und so zur Zulässigkeit einer Due Diligence führen kann.

**aa) Synergieeffekte**

Zunächst darf nicht außer Acht gelassen werden, dass oftmals beträchtliche Synergieeffekte Konsequenz der Transaktion sein können.

Dabei ist erst einmal an Extremfälle zu denken, bei denen sich ein Markt derart verengt, dass eine Chance zum Weiterbestehen der Gesellschaft nur dann denkbar ist, wenn sich das Unternehmen in einen Konzern eingliedert, etwa in der Automobilzulieferindustrie. In diesem Fall hätte allerdings wohl auch *Lutter* wenig Probleme, die Zulässigkeit einer Due Diligence zu bejahen, da es sich dann bei der Transaktion um die von ihm verlangte „unwiederbringliche Chance" für die Gesellschaft handeln würde.

Aber auch wenn die Gesellschaft sich nicht in einer Existenzkrise befindet, kann – vorbehaltlich der kartellrechtlichen Zulässigkeit im Einzelfall – schon bei relativ geringen Beteiligungsquoten, erst recht aber beim Einstieg eines neuen Mehrheitsaktionärs oftmals die Möglichkeit bestehen, gemeinsam mit dem neuen Aktionär bessere Einkaufskonditionen zu erzielen, Rationalisierungsmaßnahmen durchzuführen und zukünftig gemeinsam am Markt aufzutreten und so insgesamt eine bessere Marktposition zu erlangen[113]. Darüber hinaus ist häufig die Erschließung neuer Absatzmärkte mit einem starken Partner an der Seite leichter und finanziell weniger riskant als ein Alleingang in diesem Bereich.

Ebenso ist bei einer Beteiligung durch eine branchenangehörige oder branchennahe Gesellschaft oder gar einer Konzernierung in vielen Fällen mit einem Know-how-Transfer zu rechnen, der neben besseren Marktchancen auch den positiven Effekt mit sich bringt, Entwicklungskosten zu senken.

Alles in allem können demnach oft schon die Synergieeffekte einer Transaktion Vorteile in der Hinsicht bringen, dass eine nachhaltige und ertragreiche Unternehmensentwicklung vorangetrieben wird, Arbeitsplätze gesichert oder sogar geschaffen werden und dadurch auch der gesamtwirtschaftlichen Verantwortung der Gesellschaft nachgekommen wird.

**bb) Kapitalbeschaffung**

Auch unter Kapitalbeschaffungsgesichtspunkten kann ein Aktionärswechsel vorteilhaft für die Gesellschaft sein. So gibt es Fälle, in denen eine Gesellschaft in eine Situation geraten ist, in der es nicht mehr möglich ist, neues Fremdkapital oder neues Eigenkapital aufzunehmen, oder in der eine derartige Kapitalaufnahme nur zu einem wirtschaftlich nicht mehr vertretbaren Zins durchzuführen wäre. Das kann zum Beispiel dann der Fall sein, wenn die Gesellschaft in Zahlungsschwierigkeiten ist, ein schlechtes Kreditrating hat oder die Altaktionäre signalisiert haben, an einer Kapitalerhöhung nicht teilnehmen zu wollen.

---

[113] *Schroeder*, DB 1997, 2161 (2162); *Mertens*, AG 1997, 541 (545); *Müller*, NJW 2000, 3452 (3453); *Körber*, NZG 2002, 263 (269).

Auch in einem solchen Fall kann ein neuer Aktionär, der verspricht, der Gesellschaft durch ein günstiges Gesellschafterdarlehen oder die Teilnahme an einer Kapitalerhöhung neues Kapital zuzuführen, ein Kriterium für den Vorstand sein, das Geheimhaltungsinteresse der Gesellschaft hinter ihrem Interesse an der Transaktion zurücktreten zu lassen und deswegen einer Due Diligence zuzustimmen[114].

**cc) Kurseffekte**

Ein weiteres Kriterium, welches zumindest der Vorstand einer börsennotierten Aktiengesellschaft in seine Abwägung einzubeziehen hat, sind die Kurseffekte, die seine Entscheidung und die Transaktion haben können. Zwar soll der Vorstand eine langfristige und nachhaltige Entwicklung der Rentabilität der Gesellschaft und damit des Unternehmenswertes verfolgen[115], doch gerade im Zeitalter des Shareholder-Value-Gedankens ist es unvermeidlich, die Kurseffekte einer unternehmenspolitischen Entscheidung mit zu berücksichtigen.

Dass der Börsenkurs ein beachtenswerter Indikator für den Unternehmenswert ist, hat auch das *BVerfG* in seiner Entscheidung *DAT/Altana*[116] festgestellt und mittlerweile zudem der Gesetzgeber durch das Wertpapiererwerbs- und Übernahmegesetz (WpÜG)[117] gebilligt. Nach § 31 Abs. 1 WpÜG, § 5 WpÜG-VO muss nämlich die angebotene Gegenleistung bei einem Übernahmeangebot mindestens dem durchschnittlichen Börsenkurs der vergangenen drei Monate entsprechen. Wenn die Relevanz des Börsenkurses nun aber anerkannt ist, dann muss auch ein am nachhaltigen Unternehmenswert orientierter Vorstand die mittel- und langfristigen Kurseffekte der Transaktion im Auge behalten und beachten, welche

---

[114] *Mertens*, AG 1997, 541 (545); *Müller*, NJW 2000, 3452 (3453); *Körber*, NZG 2002, 263 (269).

[115] *OLG Hamm*, AG 1995, 512 (514); *Hüffer* § 76 Rdnr. 13; *Mertens*, in: Kölner Komm., § 76 Rdnr. 5 ff.

[116] *BVerfG*, ZIP 1999, 1436 (1441); vgl. zur immer größeren Bedeutung des Börsenkurses im Aktienrecht eingehend: *Sinewe*, NZG 2002, 314 (316).

[117] Gesetz zur Regelung von öffentlichen Angeboten zum Erwerb von Wertpapieren und von Unternehmensübernahmen (WpÜG) vom 20.12.2001 (BGBl. I, S. 3822), in Kraft getreten am 01.01.2002.

Kurseffekte die bewusste Entscheidung gegen eine Due Diligence, und damit mittelbar meist auch gegen die Gesamttransaktion, wahrscheinlich haben wird.

So kann es nicht im Interesse des Vorstandes sein, dass ein Aktienpaket unter dem aktuellen Börsenwert verkauft wird. Ein Erwerber wird aber nicht bereit sein, einen angemessenen Preis zu bezahlen, wenn er vorher keine Due Diligence durchführen darf. Vielmehr wird er einen Unsicherheitsabschlag verlangen[118] oder ganz von dem Erwerb des Aktienpakets absehen. Die dadurch ausgelösten negativen Kurseffekte wirken sich sowohl zu Lasten der verbleibenden Aktionäre als auch – über den geringeren (Markt-)Wert – zu Lasten der Gesellschaft aus. Der Vorstand handelt daher schon dann im Interesse der Gesellschaft, wenn er einer Due Diligence zustimmt, um negative Auswirkungen auf den Aktienkurs zu verhindern und so den Börsenwert der Gesellschaft zu sichern[119].

Umgekehrt hat der Vorstand einer börsennotierten Gesellschaft auch zu berücksichtigen, dass das Hinzukommen eines neuen Großaktionärs positive Kurseffekte haben kann. So kann eine mit dem Eintritt eines neuen Aktionärs verbundene Verbesserung der Kreditwürdigkeit der Gesellschaft dazu führen, dass institutionelle Anleger sich entscheiden, die Aktie wieder in ihr Portfolio aufzunehmen, oder dass Investmentbanken die Aktie nunmehr zum Kauf empfehlen. Unabhängig davon führen allein die Gesetze von Angebot und Nachfrage dazu, dass der Aktienkurs sich positiv entwickelt, wenn ein langfristig interessierter Investor in die Gesellschaft „einsteigt".

### dd) Zügige Abwicklung des Veräußerungsprozesses

Schon die alleinige Tatsache, dass eine wesentliche Beteiligung an der Aktiengesellschaft veräußert werden soll, kann sich nachteilig für die Gesellschaft auswirken. Übernahmegerüchte können dazu führen, dass der Markt das Vertrauen in die Solidität der Gesellschaft verliert. Geschäftspartner haben nämlich außer Gerüchten oftmals keine gesicherten Informationen, was mit der Gesellschaft in der

118 *Werner*, ZIP 2000, 989 (993).

Zukunft geschehen wird, ob sie unabhängig bleibt, in einen Konzern eingegliedert wird oder gar zerschlagen wird. Das macht es für den Vorstand während der Schwebephase vor Abschluss der Transaktion schwierig, neue langfristige Vertragsbeziehungen, Investitionen und Kooperationen zu begründen[120].

Daher wird der Vorstand der Gesellschaft unabhängig von anderen Faktoren immer ein Interesse daran haben, dass der Transaktionsprozess möglichst schnell abgeschlossen wird und wieder zum Tagesgeschäft übergegangen werden kann. Dieses Ziel lässt sich unter anderem dadurch fördern, dass die verlangte Due Diligence kooperativ und zügig unterstützt wird.

#### ee) Risiken

Neben den Chancen der Transaktion und der Due Diligence hat der Vorstand natürlich auch ihre Risiken gründlich abzuwägen.

So macht es gerade dann, wenn der potenzielle Erwerber seine Erwerbsabsichten nach Durchführung der Due Diligence aufgeben sollte, einen erheblichen Unterschied, ob es sich dabei um einen Wettbewerber, einen auf einem anderen Markt tätigen Erwerbsinteressenten oder lediglich einen Finanzinvestor handelt.

Trotz aller Vertraulichkeitsbemühungen bedeutet allein die Tatsache, dass ein auf demselben Markt tätiger Wettbewerber Unternehmensinterna in die Hände bekommt, eine große Gefahr für die Marktposition der Gesellschaft. Denn auch wenn die Nichtverwendung der gewonnenen Informationen durch hohe Vertragsstrafen abgesichert worden ist, so ist damit noch nicht gesagt, dass der Wettbewerber nicht die Informationen insgeheim trotzdem verwendet und für den Fall des Bekanntwerdens des Informationsmissbrauchs einen im Ausgang ungewissen und sich in die Länge ziehenden (schieds-)gerichtlichen Konflikt in Kauf nimmt.

---

[119] So auch: *Mertens*, AG 1997, 541 (545); *Körber*, NZG 2002, 263 (269).

Dieses Risiko ist etwa bei einem ausländischen Erwerber aus derselben Branche, der erst auf dem deutschen Markt Fuß fassen will, erheblich kleiner und bei einem Finanzinvestor nur insoweit gegeben, als dass die Gefahr der Weiterveräußerung des Pakets inklusive der Due Diligence-Informationen an einen Wettbewerber besteht.

Ein weiteres Risiko für die Gesellschaft, das zwar nicht die Due Diligence, aber die Transaktion selbst in sich birgt, kann auftreten, wenn es sich bei dem Erwerbsinteressenten um einen sogenannten Raider handelt, also einen Erwerber, der gar nicht an einer Investition in die eigentliche Gesellschaft interessiert ist, sondern nach Erwerb einer Mehrheitsbeteiligung seinen Einfluss auf die Gesellschaft derart ausüben will, dass das Unternehmen zerschlagen wird und die „Filetstücke" gewinnbringend veräußert werden, während die unrentablen Unternehmensteile geschlossen oder unter Marktwert „verschleudert" werden.

Es spricht viel dafür, dem Vorstand das Recht zuzusprechen, einen solchen „Raider" abzuwehren und deshalb auch nicht eine Due Diligence zuzulassen, denn der Vorstand ist ja – wie oben gesehen[121] – auch dem Bestand und der dauerhaften Rentabilität der Gesellschaft verpflichtet.

Dagegen ließe sich die Ansicht vieler anführen, dass der Vorstand einer Aktiengesellschaft grundsätzlich kein Recht habe, sich die Aktionärsstruktur auszusuchen[122]. Allerdings geht diese Auffassung jedenfalls im Hinblick auf die Entscheidung des Vorstands über eine Due Diligence zu weit[123]. Denn durch jede Vor-

---

120 *Mertens*, AG 1997, 541 (545).
121 Vgl. oben: B II 1 d) am Anfang.
122 *Mertens*, in: Kölner Komm., AktG § 76 Rdnr. 26.; *Hopt*, in: Großkomm., § 93 Rdnr. 122; : *Krieger*, in: MünchHdb AG, § 69 Rdnr. 15; *Treeck*, in: FS Fikentscher, 434 (452); *Immenga*, AG 1992, 79 (81ff.).
123 Etwas anderes gilt, wenn der veräußerungswillige Großaktionär einen Anspruch auf Unterstützung der Due Diligence hat (dazu Teil 2). Hat der Aktionär einen derartigen Informationsanspruch gegen die Gesellschaft, so reduziert sich das Ermessen des Vorstands zugunsten des Aktionärs auf Null.

standsentscheidung zugunsten oder zu Lasten einer Due Diligence wird indirekt über die Aktionärsstruktur mit entschieden[124].

Richtigerweise wird man deswegen sagen müssen, dass die Vorstandsentscheidung lediglich nicht willkürlicher – beispielsweise persönlicher – Natur sein darf, sondern sich ausschließlich an den Chancen und Risiken der Transaktion für die Interessenträger der Gesellschaft zu orientieren hat. Liegt ausnahmsweise der Erwerb durch einen „Raider" sogar im überwiegenden Interesse der Interessenträger der Gesellschaft[125], so wird der Vorstand die Due Diligence sogar zustimmen müssen. Es liegt auf der Hand, dass der Vorstand hier in einen Konflikt mit seinen Eigeninteressen gerät – vorwiegend am Erhalt des eigenen Arbeitsplatzes. Der Konflikt ist aber hinzunehmen, denn er ist wie bei einer Vielzahl von Vorstandsentscheidungen bereits darin angelegt, dass der Vorstand als Leitungsorgan der Gesellschaft zur Fremdinteressenwahrung verpflichtet ist.

Dass der Vorstand auch bei einem „Raider" weitestgehend nach seinem pflichtgemäßen Ermessen entscheiden kann, ob er diesem die Due Diligence gestattet oder verweigert, wird auch nicht durch die neue Regelung des § 33 WpÜG widerlegt[126]. Zwar enthält auch diese Norm keine Neutralitätspflicht des Vorstandes bezüglich Übernahmeangeboten, sondern „nur" ein auf spezifische Übernahmesituationen ausgelegtes weitgehendes Behinderungsverbot[127]. Aber selbst diese Beschränkungen gelten ob des engen Anwendungsbereichs des WpÜG nicht bei

---

[124] Und auch bei der Platzierung von Aktien aus einem Aktienrückkauf oder aus einer Kapitalerhöhung unter Ausschluss des Bezugsrechts der Altaktionäre nimmt der Vorstand zulässigerweise Einfluss auf den Aktionärskreis.

[125] Eine Zerschlagung mag etwa im Einzelfall zum Erhalt von mehr Arbeitsplätzen eines krisengeschüttelten Unternehmens führen als ein Fortführen der bisherigen Geschäftspolitik. Die diesbezüglichen Arbeitnehmerinteressen hat der Vorstand optimal zu wahren.

[126] Beachte: § 33 WpÜG gilt nur für *öffentliche* Übernahmeangebote (§ 2 Abs. 1 WpÜG) betreffend *börsennotierte* Aktiengesellschaften (§ 1 WpÜG), entfaltet also für den weit überwiegenden Teil der deutschen Aktiengesellschaften keine unmittelbare Regelungswirkung. Denn es sind lediglich 1.079 der deutschen Aktiengesellschaften börsennotiert. Das entspricht nur knapp 7,9% der 13.598 Aktiengesellschaften in Deutschland (Stand: Anfang 2002); vgl. *Hansen*, AG 2002, R 75 (76).

[127] Vgl. dazu im Detail, jeweils mwN: *Schwennicke*, in: Geibel/Süßmann, § 33 Rdnr. 10 ff.; *Röh*, in: Haarmann/Riehmer/Schüppen, § 33 Rdnr. 3 ff.; *Steinmeyer/Häger*, § 33 Rdnr. 11 ff.; *Maier-Reimer*, ZHR 165 (2001), 258 (260 ff.); *Thoma*, NZG 2002, 105 (110 f.); *Winter/Harbarth*, ZIP 2002, 1 (3 ff.); vorwiegend aus der aktienrechtlichen Perspektive argumentierend: *Maier-Reimer*, ZHR 165 (2001), 258 (260 ff.).

dem *nichtöffentlichen* Erwerb eines Paketes einer *nicht börsennotierten* Aktiengesellschaft. Einziger Abwägungsmaßstab für die Vorstandsentscheidung bleiben insofern also §§ 76 Abs. 1, 93 Abs. 1 AktG.

Sofern der Anwendungsbereich des WpÜG beim Paketerwerb betreffend eine *börsennotierten* Aktiengesellschaft gegeben ist, etwa über die Regeln des Pflichtangebots, §§ 35 ff. WpÜG, sind die Beschränkungen des § 33 WpÜG natürlich zu befolgen.

Bezüglich aller in Betracht kommenden Risiken muss zusätzlich berücksichtigt werden, dass sie nicht notwendigerweise zu einer Unzulässigkeit der Due Diligence führen. Insbesondere der Einstieg eines Wettbewerbers ist zwar sehr riskant, bringt aber unter Umständen auch große Chancen für die Gesellschaft mit sich[128]. In einem ersten Schritt muss daher immer erst geprüft werden, ob den erkannten Risiken der Due Diligence nicht mit geeigneten Sicherheitsmaßnahmen begegnet werden kann[129]. Erst wenn sich diese als unzureichend erweisen, kann in einem zweiten Schritt von einer Unzulässigkeit der Due Diligence gesprochen werden.

### ff) Zusammenfassung zum Abwägungsmaßstab

Die Erörterungen haben gezeigt, dass viele voneinander abhängige Faktoren die Abwägung des Vorstandes über die Durchführung oder Nichtdurchführung einer Due Diligence bestimmen, von denen hier nur besonders prägnante Sachverhalte skizziert worden sind. Letztlich handelt es sich bei der Vorstandsentscheidung immer um eine Frage des Einzelfalls. Festgehalten werden kann aber jedenfalls, dass es nicht haltbar ist, von einer pauschalen Unzulässigkeit der Due Diligence in all jenen Fällen zu sprechen, in denen sich keine „unwiederbringliche Chance für die Gesellschaft" abzeichnet. Vielmehr sind viele Situationen denkbar, in denen gewisse in der Gesellschaft zusammentreffende Interessen eine Offenbarung von Unternehmensinterna rechtfertigen können.

---

[128] Siehe oben: B II 1 d) aa) am Anfang.

## e) Maßnahmen zur Risikobegrenzung

Die Zulässigkeit der Due Diligence hängt neben dem Vorliegen eines Gesellschaftsinteresses an dem Geschäft entscheidend davon ab, dass die erforderlichen Maßnahmen zur Risikobegrenzung ergriffen werden. Im Folgenden soll nun zunächst dargestellt werden, welche Maßnahmen diesbezüglich insbesondere infrage kommen (aa-gg). Im Anschluss wird erörtert werden, inwieweit die jeweiligen Maßnahmen erforderlich sind, um eine Due Diligence zulässig zu machen (hh).

### aa) Vorstandsbeschluss

Schon allein um sich nicht der Strafbarkeit nach § 404 Abs. 1 AktG auszusetzen[130], sollte der Vorstand über die Durchführung der Due Diligence beschließen, und zwar möglichst einstimmig. Folge dieses Beschlusses ist, dass die Gesellschaft durch das dafür zuständige Organ in die Offenbarung der Gesellschaftsgeheimnisse einwilligt und demnach die vorsätzliche Verwirklichung des Straftatbestandes gerechtfertigt ist. Um diese Wirkung beweisen zu können, sollte der Vorstandsbeschluss dokumentiert werden. Eines zusätzlichen Aufsichtsratsbeschlusses bedarf es aus den schon zuvor genannten Gründen nicht[131].

### bb) Letter of Intent

Bevor es zu einer Offenbarung von Interna der Gesellschaft kommen kann, muss der Vorstand zuvor sorgfältig die Erwerbsabsichten des Kaufinteressenten prüfen. Neben einer Informationseinholung über die Solvenz des Erwerbers, etwa über Geschäftsberichte oder die Einschaltung von Wirtschaftsauskunfteien und Ratingagenturen, muss dabei auf die Abgabe einer Absichtserklärung, eines sogenannten Letter of Intent[132], hingewirkt werden.

---

[129] Dazu unten ausführlich: B II 1 e).
[130] Siehe oben: A IV 2.
[131] Siehe oben: A IV 2 und B II 1 c) bb).

### (1) Form

Bei einem Letter of Intent handelt es sich um ein Schreiben von der einen Vertragspartei, hier dem Erwerbsinteressenten, an den anderen Vertragspartner, hier den veräußerungswilligen Großaktionär. Es enthält oftmals die Bitte um Gegenzeichnung auf einer Kopie des Schreibens[133], so dass beide Seiten gleichlautende Erklärungen vorliegen haben.

### (2) Inhalt

*Den* Letter of Intent als ein einziges feststehendes Rechtsinstitut gibt es nicht. Denn abhängig vom beabsichtigten Geschäft und dem Stadium der Vertragsverhandlungen werden oft ganz verschiedene Dinge in einem solchen Schreiben festgehalten. Teilweise werden schon feststehende Verhandlungsergebnisse neben noch offenen Punkten fixiert, in anderen Fällen wird lediglich mit der Erklärung einer „firm intention" die Bereitschaft zur Führung von Vertragsverhandlungen zum Ausdruck gebracht[134]. Beim Unternehmenskauf ist die häufigste Erscheinungsform des Letter of Intent jene, welche die bloße Absicht zur Anteilsübertragung zum Ausdruck bringt[135] – wenngleich auch hier Ausnahmen die Regel bestätigen.

### (3) Rechtliche Wirkung

Die Bedeutung des Letter of Intent liegt vor allem in seiner verhandlungspsychologischen Wirkung[136]. Faktisch wird durch ihn festgeschrieben, dass bereits ein bestimmtes Verhandlungsstadium erreicht ist.

---

[132] Dazu ausführlich *Lutter*, LoI.
[133] *Lutter*, LoI, S. 10.
[134] *Lutter*, LoI, S. 10 f.
[135] *Picot*, U&R, Teil I, Rdnr. 37; *Schroeder*, DB 1997, 2161 (2163); *Linker/Zinger*, NZG 2002, 497 (501).
[136] *Picot*, U&R, Teil I, Rdnr. 37; *Lutter*, LoI, S. 11.

In rechtlicher Hinsicht lässt sich aus der Formulierung „Letter of Intent" allein keine Schlussfolgerung ziehen. Vielmehr bedarf es erst einer Auslegung der Erklärung nach §§ 133, 157 BGB um zu ermitteln, was der Parteiwille des Erklärenden ist[137]. Im Vorfeld eines Share Deals wird der potenzielle Erwerber meist noch keine verbindliche Erklärung abgeben wollen, solange er nicht zuvor eine Due Diligence durchgeführt hat oder zumindest einige Daten der Gesellschaft gesehen hat.

Dennoch kann auch ein unverbindlicher Letter of Intent – also ein solcher, der mangels dementsprechenden Rechtsbindungswillens auf Erwerberseite keine Primärpflicht, etwa auf Abschluss des Kaufvertrages etabliert – dahingehend interpretiert werden, dass sich zumindest seit dessen Zugang Erwerber und Veräußerer[138] bereits in einem vorvertraglichen Schuldverhältnis befinden. Selbst wenn dieses Schuldverhältnis keine Primärpflicht enthält, so besteht dadurch zumindest die allgemeine Sekundärpflicht iSd § 241 Abs. 2 BGB, Schaden vom Vertragspartner, dem veräußerungswilligen Paketaktionär, abzuwenden. Weiterhin wird einem solchen durch einen Letter of Intent eingegangenen Schuldverhältnis regelmäßig auch die Sekundärpflicht iSd § 241 Abs. 2 BGB beizumessen sein, im Rahmen der Vertragsverhandlungen erhaltene Unternehmensinterna vertraulich zu behandeln[139].

Fraglich bleibt in diesem Zusammenhang, ob der Sekundärpflicht auch eine Schutzwirkung zugunsten Dritter in der Form beizumessen ist, dass zudem gemäß § 311 Abs. 3 BGB die Zielgesellschaft – die ja eigentlich nur Objekt der Anteilsveräußerung ist – vor Schäden zu schützen ist, die aus den Verhandlungen oder deren Abbruch erwachsen. Dafür müsste nämlich die Zielgesellschaft die

---

[137] *OLG Köln*, OLGR 1994, 61 (61); *Picot*, U&R, Teil I, Rdnr. 37.

[138] Auch ohne „Bestätigung" durch den Veräußerer wird man in der widerspruchslosen Hinnahme des Letter of Intent zumindest einen konkludenten Rechtsbindungswillen des Veräußerers hinsichtlich eines vorvertraglichen Schuldverhältnisses mit Sekundärpflichten nach §§ 311 Abs. 2, 241 Abs. 2 BGB annehmen können; so auch (zur „alten" c.i.c.): *Lutter*, LoI, S. 48.

[139] So auch *Lutter*, LoI, S. 49.

Voraussetzungen für die Anwendung des Rechtsinstituts des Vertrages mit Schutzwirkung zugunsten Dritter erfüllen[140].

Zwar ist sie den Gefahren der Schutzpflichtverletzung in Form der unbefugten Informationsverwertung und -weitergabe ebenso – oder eher noch mehr – ausgesetzt wie der veräußerungswillige Aktionär, so dass das Kriterium der Leistungsnähe[141] gegeben ist. Ferner sollen die Schutzpflichten des vorvertraglichen Schuldverhältnisses regelmäßig – auch – der Gesellschaft bestimmungsgemäß zugute kommen, da gerade sie und nicht der Paketaktionär dem spezifischen Offenbarungsrisiko im Zusammenhang mit der Due Diligence ausgesetzt ist. Auch Gläubigernähe[142] liegt demnach vor. Dieses Risiko ist auf Grund seiner Offensichtlichkeit auch für den Erwerbsinteressenten erkennbar. Damit ist auch das dritte Kriterium des Vertrages mit Schutzwirkung zugunsten Dritter, die sogenannte Erkennbarkeit[143], gegeben.

Zweifelhaft ist jedoch, ob die Zielgesellschaft auch die Einbeziehung in den Schutzbereich der durch den Letter of Intent etablierten vorvertraglichen Schutzpflichten benötigt. Das wäre dann der Fall, wenn die Gesellschaft in diesem Stadium des Unternehmenskaufs keinen eigenen vertraglichen Anspruch hätte, was mit dem Begriff der Schutzbedürftigkeit[144] umschrieben wird. Gegen den Erwerbsinteressenten hat sie jedenfalls keinen derartigen Anspruch, da sie ja – anders als beim Asset Deal – nicht Vertragspartnerin des Unternehmenskaufvertrages wird. Möglicherweise könnte sie aber den Paketaktionär wegen Verletzung seiner gesellschaftsvertraglichen Treuepflicht in Anspruch nehmen. Dagegen spricht allerdings, dass bei der vorliegenden Konstellation die Due Diligence auf freier Vorstandsentscheidung beruht und lediglich durch den Großaktionär „veranlasst" worden ist. Deshalb dürfte in dieser Konstellation ein eigener vertraglicher An-

[140] Zwar erwähnt § 311 Abs. 3 BGB die Möglichkeit eines Schuldverhältnisses zu Gunsten Dritter. Die tatbestandlichen Voraussetzungen des Schuldverhältnisses mit Schutzwirkung zu Gunsten Dritter sind aber nicht normiert worden, so dass insofern auf das bisherige gewohnheitsrechtliche Rechtsinstitut zurückzugreifen ist.

[141] *Gottwald*, in: MüKo BGB, § 328 Rdnr. 111; *Hadding*, in: Soergel, Anh. § 328 Rdnr. 14, 16.

[142] *BGHZ* 133, 168 (173); *Gottwald, in:* MüKo BGB, § 328 Rdnr. 112; *Heinrichs* in: Palandt, § 328 Rdnr. 17.

[143] *Gottwald, in:* MüKo BGB, § 328 Rdnr. 117; *Hadding*, in: Soergel, Anh. § 328 Rdnr. 17.

spruch der Gesellschaft abzulehnen sein mit der Konsequenz, dass ihre Schutzbedürftigkeit zu bejahen ist.

Die unrechtmäßige Verwendung der durch die Due Diligence gewonnenen Daten durch den Erwerbsinteressenten würde folglich einen Schadensersatzanspruch der Gesellschaft gegen den Erwerbsinteressenten aus §§ 280 Abs. 1, § 311 Abs. 2, 3, 241 Abs. 2 BGB wegen einer Verletzung von drittwirkenden Schutzpflichten aus dem Letter of Intent nach sich ziehen.

#### (4) Zusammenfassung

Der Letter of Intent hat, wie gesehen, hauptsächlich verhandlungspsychologische Wirkung für die Vertragsparteien. Er etabliert darüber hinaus allerdings regelmäßig auch gewisse Sekundärpflichten iSd § 241 Abs. 2 BGB. Vom Schutzbereich dieser Sekundärpflichten ist die Zielgesellschaft mit erfasst.

### cc) Vertraulichkeitsvereinbarung

Wegen der Auslegungsschwierigkeiten in Bezug auf den Letter of Intent sowie der Notwendigkeit, allgemeine Rechtssätze zur Begründung von Schadensersatzansprüchen heranziehen zu müssen, und schließlich mangels einer Primärpflicht des vorvertraglichen Schuldverhältnisses hat die Gesellschaft regelmäßig ein Interesse daran, die Geheimhaltungsverpflichtung des Erwerbsinteressenten deutlicher zu manifestieren und insbesondere zur Primärpflicht einer Vereinbarung zu erheben.

Zu diesem Zweck kommt neben dem Letter of Intent der Abschluss einer separaten Vertraulichkeitsvereinbarung durch die Vertragsparteien des Unternehmenskaufvertrages – also den Erwerbsinteressenten und den Großaktionär – in Betracht.

---

[144] *BGHZ* 129, 136 (169); *Gottwald, in:* MüKo BGB, § 328 Rdnr. 118.

### (1) Inhalt

Diese enthält als vertragliche Hauptpflicht das *Gebot*, Vertraulichkeit bezüglich aller offenbarten Informationen zu bewahren, und das *Verbot*, die Informationen zu anderen Zwecken als den Transaktionsverhandlungen weiterzuverwerten[145].

Inhaltlich sollte zuerst der Zweck der Informationsoffenbarung genannt werden, ferner bedarf es der Benennung der Personen, die Einsicht in die Informationen erhalten sollen, also der Mitarbeiter und Berater (Anwälte, Investmentbanker, Wirtschaftsprüfer, Unternehmensberater) des Erwerbers[146]. Diese müssen entweder zur Berufsverschwiegenheit verpflichtet sein oder aber separat durch die jeweilige Partei vertraglich zur Verschwiegenheit verpflichtet werden. Für den Fall des Scheiterns der Verhandlungen sollte die Vereinbarung Regelungen darüber enthalten, dass die Akten zurückzugeben oder zu vernichten sind[147].

Wichtig ist zudem, den Kreis der durch die Vereinbarung geschützten Personen zu definieren. Wie schon mehrfach angeführt, sind Verhandlungspartner der potenzielle Erwerber und der Paketaktionär, nicht aber die Zielgesellschaft. Von dieser wird aber die Offenbarung der Informationen erwartet. Daher muss entweder die Zielgesellschaft zur Partei der Geheimhaltungsvereinbarung gemacht werden. Oder sie muss zumindest ausdrücklich in den Schutzbereich der Geheimhaltungsvereinbarung zwischen den Parteien des Unternehmenskaufvertrages mit einbezogen werden. Nur so kann vermieden werden, abermals mit der hinsichtlich des Letter of Intent schwierigen Frage der Drittwirkung der Geheimhaltungsvereinbarung konfrontiert zu sein.

### (2) Sanktion

Rechtsfolge der Verletzung der in der Vertraulichkeitsvereinbarung genannten Pflichten ist die Pflicht zur Leistung von Schadensersatz, § 280 Abs. 1, 241

[145] *Beisel/Klumpp* Rdnr. 46; *Treeck* in: FS Fikentscher, 434 (445)
[146] *Schroeder*, DB 1997, 2161 (2163).
[147] *Beisel/Klumpp* Rdnr. 46; *Schroeder*, DB 1997, 2161 (2163).

Abs. 2 BGB. Es wird zu Recht darauf hingewiesen, dass im Einzelfall sowohl der Verletzungs- als auch der Schadensnachweis nur schwer zu erbringen sein wird[148]. Außerdem dürfte es schwierig sein, die genaue Schadenshöhe zu beziffern. Um zumindest das Problem des Schadensnachweises und der Schadenshöhe zu umgehen und den Erwerbsinteressenten einer spürbaren Sanktionsdrohung auszusetzen, sollte daher in der Vertraulichkeitsvereinbarung für den Fall der Verletzung eine empfindliche Vertragsstrafe[149] vereinbart werden.

### dd) Auskunftsperson

Um den Geheimnisschutz tatsächlich gewährleisten zu können, ist als weitere Maßnahme empfehlenswert, bei der Zielgesellschaft genau bestimmte Personen als Ansprechpartner zu benennen, über die der gesamte Transfer von Informationen zu laufen hat[150]. Dadurch kann verhindert werden, dass auf Grund nicht eindeutig definierter Kompetenzen Informationen herausgegeben werden, die für eine Offenbarung gar nicht bestimmt waren. Außerdem ist auf diese Art und Weise eine Dokumentation des Informationsflusses möglich.

### ee) Datenauswahl

Die wichtigste Maßnahme zum Schutz von Geschäftsgeheimnissen ist die Auswahl der Daten, die tatsächlich offenbart werden.

So sollte auf der einen Seite der Umfang der Informationen genau geprüft werden. In diesem Punkt wird allerdings wenig Spielraum bestehen, da der Erwerbsinteressent anhand einer mehr oder weniger detaillierten Due-Diligence-Checklist[151] vorgeben wird, welche Akten für ihn essenziell sind. Um seine Interessen durchzusetzen, wird er gleichzeitig auf die Abgabe einer Vollständigkeits-

---

[148] *Picot*, U&R, Teil I, Rdnr. 35.

[149] Eine Schadensersatzpauschale empfiehlt sich hingegen nicht, da sie nicht vom Nachweis des Schadens, sondern nur vom Nachweis der Schadenshöhe befreit. Für die Vertragsstrafe reicht jedoch schon der Nachweis der Verletzung der Vertragspflicht.

[150] *Schroeder*, DB 1997, 2161 (2163).

[151] Beispiele u. a. bei: *Picot*, U&R, Teil I, Rdnr. 44; *Harrer*, DStR 1993, 1673 (1673 f.).

erklärung durch den Vorstand der Zielgesellschaft drängen. Gerade bei Geheimnissen, mit deren Geheimhaltung die Zukunft der Gesellschaft steht und fällt (etwa Produktionsgeheimnissen usw.), wird man aber um eine Verweigerung der Offenbarung nicht umhinkommen[152]. Im Verhältnis zum Erwerbsinteressenten ist sie auch unbedenklich, wenn darauf ausdrücklich und mit Gründen hingewiesen wird und die Informationen nicht einfach unterschlagen werden[153].

Zum Zweiten bietet sich an, die Offenbarung gerade bezüglich besonders kritischer Informationen zeitlich zu staffeln und an das Voranschreiten der Vertragsverhandlungen zu koppeln[154]. Sobald sich ein hinreichend konkretes Erwerbsinteresse herauskristallisiert hat, kann auch nach und nach damit begonnen werden, sensible Daten zu offenbaren.

Das Kriterium der qualitativen, quantitativen und zeitlichen Staffelung spielt vor allem bei einem Bietungsverfahren[155] eine besondere Rolle, denn dort werden zunächst Verhandlungen mit mehreren Erwerbsinteressenten geführt. Da es dem Geheimhaltungsinteresse der Gesellschaft widersprechen würde, alle bei einer Due Diligence üblichen Unternehmensinterna an jeden der beteiligten Interessenten zu offenbaren, die Interessenten aber andererseits eine Grundlage für ihr erstes Gebot benötigen, wird in der ersten Runde des Bietungsverfahrens die Offenbarung auf einen Informationsvermerk sowie allgemeine Unternehmensdaten und -informationen beschränkt[156]. Erst mit Fortschreiten der Verhandlungen und Verkleinerung des Bieterkreises kommt es sukzessive zu weiteren Offenbarungen.

Es wird also zu Recht darauf hingewiesen, dass für die Abwägung des Vorstandes nicht das Alles-oder-nichts-Prinzip gelte[157]. Vielmehr ist im einzelnen zu ent-

152 Lässt sich das Geheimhaltungsinteresse in einem solchen Fall nicht durch einen neutralen Dritten wahren (dazu unten gg)), besteht an diesem Punkt eine absolute Grenze der Offenbarungsbefugnis (vgl. dazu unten ausführlich hh)).
153 *Schroeder*, DB 1997, 2161 (2163).
154 *Mertens*, AG 1997, 541 (544); *Stoffels*, ZHR 2001, 362 (381); *Körber*, NZG 2002, 263 (270); *Linker/Zinger*, NZG 2002, 497 (501).
155 Dazu: *Picot*, U&R, Teil I, Rdnr. 11 ff.
156 *Picot*, U&R, Teil I, Rdnr. 16.
157 *Kl. J. Müller*, NJW 2000, 3452 (3454).

scheiden, bezüglich welcher Daten – und zu welchem Zeitpunkt – eine Herausgabe guten Gewissens vertreten werden kann.

### ff) Data Room

Da in der Regel kein Interesse der Gesellschaft daran besteht, den Erwerbsinteressenten unkontrolliert in ihre Geschäftsräume zu lassen, wird normalerweise ein sogenannter Data Room bereitgestellt, in dem die mit der Due Diligence befassten Personen Einsicht in die von ihnen benötigten Dokumente nehmen können[158]. Ausgestellt werden dort nur Informationen, die der potenzielle Erwerber mit seiner Checkliste verlangt hat. Der Data Room hat zum einen den Vorteil, die geplante Transaktion gegenüber den eigenen Mitarbeiten möglichst lange geheim halten zu können, erlaubt es dem Vorstand der Zielgesellschaft zum anderen aber auch, gezielt nur die Informationen herauszugeben, deren Offenbarung ihm vertretbar erscheint[159]. Je nachdem, wie vertraulich die Informationen sind, kann dem Erwerbsinteressenten und seinen Beratern gestattet werden, Fotokopien von den Dokumenten anzufertigen oder lediglich Einsicht zu nehmen.

### gg) Einschaltung eines neutralen Dritten

Schließlich soll noch zu dem von vielen Literaturvertretern[160] geforderten „neutralen Dritten" Stellung genommen werden, der die Due Diligence anstatt des Erwerbsinteressenten durchführen soll.

Es ist kaum zu erwarten, dass sich ein potenzieller Erwerber mit einem Prüfbericht eines neutralen Dritten, etwa eines Notars oder Wirtschaftsprüfers, zufrieden gibt. Wie schon in der Einführung dargestellt, dient die Due Diligence nicht nur der Kaufpreisfindung, sondern auch und vor allem der Gestaltung des Vertrages und der Erkennung von Risiken, die möglicherweise zu einem Abbruch der Vertragsverhandlungen führen können.

---

[158] *Holzapfel/Pöllath* Rdnr. 14; *Loges*, DB 1997, 965 (965); *Körber*, NZG 2002, 263 (271).
[159] *Holzapfel/Pöllath* Rdnr. 14.
[160] Vgl. oben: B II 1 a) bb).

Insofern passt ein neutraler Dritter nicht zur Struktur von Verhandlungen über einen Unternehmenskaufvertrag, bei dem es in der Natur der Sache liegt, dass Veräußerer und Erwerber die Tragweite gewisser Umstände, die sich aus einer Due Diligence ergeben haben können (anhängige Klagen, verseuchte Grundstücke, unzureichender Schutz geistigen Eigentums usw.), unterschiedlich bewerten. Eine solche Bewertung ist aber nur dann möglich, wenn die Informationen den Vertragsparteien auch vorliegen und nicht als abstrakte Zahlenkolonnen in einem Bericht einer neutralen Partei erscheinen. Denn nicht nur die Tatsache, dass ein problematischer Umstand vorliegt, ist essenziell für die Aushandlung des eigentlichen Vertrages, sondern vor allem die Analyse, welches weitere Risikopotenzial diesem Umstand beizumessen ist und durch welche Vertragsgestaltung dieses Risikopotenzial angemessen im Vertrag berücksichtigt werden kann.

Nichtsdestotrotz kann es *einzelne* Informationen geben, deren Offenbarung für die Gesellschaft unvertretbar ist, auf die der Erwerbsinteressent aber gleichzeitig ebenso wenig verzichten will. Man denke dabei etwa an folgendes – fiktives – Beispiel:

> Die Zielgesellschaft ist ein kleines Biotechnologieunternehmen und hat ein für die AIDS-Bekämpfung wichtiges Medikament entwickelt. Der Schutz des Patents ist in mehreren Staaten beantragt. Bei dem Medikament handelt es sich um das einzige marktreife Produkt der Gesellschaft. Der mit 60% an der Gesellschaft beteiligte Großaktionär will sein Aktienpaket an einen Pharmakonzern veräußern, wogegen auch der Vorstand der Zielgesellschaft grundsätzlich nichts hat, da der neue Aktionär die Finanzkraft der Zielgesellschaft über Jahre hinaus sicherstellen könnte. Allerdings verlangt der Pharmakonzern die Durchführung einer Due Diligence. Insbesondere will er sichergehen, dass die Patentanmeldungen (Eintragungen haben noch nicht stattgefunden) ordnungsgemäß sind und dass nicht mit einem mangelhaften Schutz auf einem wichtigen Markt zu rechnen ist.

In einem solchen Fall wäre es unvertretbar, das Risiko einzugehen, den Erwerbsinteressenten die Due Diligence im Bezug auf das Patent selbst durchführen zu lassen. Denn scheiterten die Vertragsverhandlungen, bestünde die Gefahr, dass der Erwerbsinteressent die erlangten Informationen weiterverwendet. Das Zielunternehmen, dessen Erfolg mit dem Erfolg des Patents stehen und fallen würde, stünde dann quasi vor dem Ruin.

In einem solchen Fall wäre ein neutraler Dritter die Lösung des Problems. Er – hier wohl ein im internationalen Patentrecht versierter Anwalt – bekäme den klar umrissenen Auftrag, die Patentanmeldungen auf ihre Korrektheit hin zu überprüfen. Sein Bericht, der nur das Ergebnis seiner Untersuchung enthielte, könnte dann zum Gegenstand weiterer Vertragsverhandlungen gemacht werden.

Es zeigt sich damit, dass die Einschaltung eines die Due Diligence durchführenden neutralen Dritten meist nicht den Interessen der Vertragsparteien entspricht und für eine Vielzahl von Informationen als zu umständlich und nur wenig praktikabel erscheint. Sie muss daher auf Ausnahmefälle, wie etwa den Beispielsfall, beschränkt bleiben.

### hh) Erforderlichkeit der Maßnahmen

Nachdem die infrage kommenden Maßnahmen zur Risikobegrenzung dargestellt worden sind, bedarf es nun noch einer Bewertung, inwiefern sie einzeln bzw. kumulativ erforderlich sind.

Auch diese Frage kann nicht pauschal beantwortet werden, da es *die* Due Diligence als feststehendes Rechtsinstitut nicht gibt, sondern die Informationsdichte und Brisanz der Informationen je nach Erwerbsinteressent und Zielgesellschaft stark differieren.

Um sich im Schadensfall nicht auf die günstige Auslegung eines Letter of Intent verlassen zu müssen, ist es dringend angezeigt, eine Geheimhaltungsvereinbarung abzuschließen. Dabei kommen die oben gezeigten Alternativen infrage, nämlich die gleichberechtigte Beteiligung von Erwerbsinteressent, Veräußerer und Zielgesellschaft oder aber eine Vereinbarung zwischen den Parteien des

Kaufvertrages unter Einbeziehung der Zielgesellschaft in den Schutzbereich der Geheimhaltungsvereinbarung, § 311 Abs. 3 BGB. Ob eine solche Vereinbarung mit einer Vertragsstrafe für den Fall der Verletzung abgesichert wird, hängt im Wesentlichen davon ab, wie groß das Risiko der unbefugten Verwendung der Informationen eingeschätzt wird. Bei einem hohen Risiko ist eine derartige Vertragsstrafe sicherlich sinnvoll, jedoch nicht geboten in dem Sinne, dass ohne sie die Due Diligence unzulässig wäre. Denn die Vertragsstrafe wirkt sich nicht auf die Due Diligence selbst aus, sondern erleichtert nur die Abwicklung späterer Schadensersatzansprüche.

Auch die Benennung einer Auskunftsperson und die Einrichtung eines Data Room sind nicht unbedingt notwendig. Beides erleichtert lediglich die Abwicklung einer Due Diligence und die Geheimhaltung der Informationen. Es erscheint unvertretbar, dem Vorstand der Zielgesellschaft vorzuschreiben, diese Mittel zu verwenden, wenn er andere, ebenso geeignete Maßnahmen für praktikabel und ausreichend im Sinne eines effektiven Geheimnisschutzes erachtet. Außerdem muss dem Vorstand ein Ermessensspielraum bei der Auswahl von Geheimhaltungsmaßnahmen bleiben. Denn er muss flexibel sein für den Fall, dass sich der Erwerbsinteressent auf gewisse Maßnahmen nicht einlassen will, der Vorstand aber trotzdem im Interesse der Gesellschaft die Due Diligence zulassen will. Dennoch sind sowohl Data Room als auch die Benennung einer oder mehrerer Auskunftspersonen in der Regel empfehlenswert, da auf diese Weise eine Kontrolle des Datenflusses am besten möglich ist.

Die, wie schon oben dargelegt, wichtigste Maßnahme zum Schutz von Geheimnissen ist die Datenauswahl in zeitlicher und quantitativer Hinsicht. Erachtet der Vorstand die Offenbarung gewisser Daten zu einem bestimmten Zeitpunkt oder überhaupt für unvertretbar und lässt sich diese Einschätzung auch nicht über die Einschaltung eines neutralen Dritten beseitigen, so darf die Due Diligence in diesem Punkt nicht durchgeführt werden.

An dieser Stelle kristallisiert sich der Konflikt zwischen den widerstreitenden Interessen bei der Vorstandsentscheidung über die Due Diligence am stärksten heraus. Denn trotz der Auswahl der Daten, der zeitlichen Staffelung der Offenbarung und der Beachtung aller anderen denkbaren Geheimhaltungsmaßnahmen kann der Vorstand an einen Punkt geraten, an dem die Offenbarung sich aus Sicht der Gesellschaft als nicht hinnehmbar darstellt. In diesem Fall neigt sich die imaginäre Waagschale bei der Vorstandsentscheidung klar zugunsten des Geheimhaltungsinteresses der Gesellschaft. Das heißt, dass konsequenterweise die Information, welche der Vorstand nach pflichtgemäßem Ermessen für zu sensibel hält, an den Erwerbsinteressenten nicht herausgegeben werden darf.

Die Due Diligence wird dann allerdings nur in diesem einen Punkt unzulässig. Denn Gründe dafür, dass die Unzulässigkeit der Offenbarung einer einzelnen Information die Unzulässigkeit der Due Diligence im Ganzen nach sich ziehen sollte, sind nicht erkennbar.

### f) Zwischenergebnis zum Share Deal

Die Frage nach dem Recht des Vorstands einer Aktiengesellschaft zur Offenbarung von Unternehmensinterna mit dem Zweck der Unterstützung einer Due Diligence im Vorfeld eines Share Deals wird zur Zeit kontrovers diskutiert. Während *Lutter* ein solches Recht abgesehen von Ausnahmefällen verneint, wird es von der herrschenden Literaturansicht bejaht, wenn das Interesse der Gesellschaft an der Transaktion ihr Geheimhaltungsinteresse überwiegt. Innerhalb der herrschenden Ansicht ist wiederum umstritten, unter welchen Voraussetzungen eine solche Offenbarung stattfinden darf, insbesondere, ob sie nur über einen neutralen, zur Berufsverschwiegenheit verpflichteten Dritten erfolgen darf.

Dass die Due Diligence überhaupt zulässig ist, hat sich aus einem Vergleich mit anderen Situationen ergeben, in denen eine umfangreiche Informationsoffenbarung ebenso erforderlich oder zumindest üblich ist. Auch in diesen Situationen (Börsengang, Kapitalbeschaffung, Fusion usw.) ist dasselbe Risiko gegeben wie bei der Due Diligence vor dem Share Deal, nämlich die missbräuchliche Informationsverwendung nach dem Abbruch der Verhandlungen. Trotzdem überwiegt dort das Interesse der Gesellschaft an dem Geschäft gegenüber dem Risiko des

Abbruchs der Verhandlungen und des Missbrauchs der Informationen durch die andere Vertragspartei. Wegen der vergleichbaren Risikolage muss deshalb auch die Due Diligence vor dem Share Deal zulässig sein.

Die vorliegende Teil der Untersuchung hat ferner gezeigt, dass die herrschende Literaturansicht zu Recht ein Offenbarungsrecht annimmt, wenn das Gesellschaftsinteresse überwiegt. Dabei ist aber zu beachten, dass der Begriff „Gesellschaftsinteresse" sehr viele Interessen in sich vereint (Unternehmen, Aktionäre, Arbeitnehmer, Gemeinwohl), so dass auch vielfältige Gesichtspunkte bei der Vorstandsentscheidung für oder gegen die Due Diligence ausschlaggebend sein können. Der Vorstand hat also bei seiner Entscheidung einen sehr weiten Ermessensspielraum.

Schließlich hat die Analyse ergeben, dass die zur Verfügung stehenden Maßnahmen zur Risikobegrenzung – teils kumulativ sowie nach dem jeweiligen Risiko und Verhandlungsstand abgestuft – meist ausreichend sind, um die Risiken einer Due Diligence angemessen abzufangen. Eines neutralen und zur Berufsverschwiegenheit verpflichteten Dritten bedarf es in der Regel nicht. Lediglich bei besonders sensiblen, aber trotzdem für den Erwerbsinteressenten notwendigen Informationen empfiehlt es sich punktuell, einen solchen Dritten einzuschalten.

## 2. Auskunftsrecht der verbleibenden Aktionäre

Wird mit obiger Argumentationen ein Recht des Vorstandes zur Unterstützung einer Due Diligence bejaht, wenn die Transaktion im Gesellschaftsinteresse liegt, stellt sich automatisch die Frage, ob eine derartige Offenbarung nicht einen Anspruch der verbleibenden Aktionäre gemäß § 131 Abs. 4 AktG nach sich zieht, gleichermaßen informiert zu werden.

### a) Meinungsstand

Eine Auffassung bejaht einen derartigen Anspruch aus § 131 Abs. 4 AktG als Ausfluss des strikten Gebots auf Gleichbehandlung[161]. *Lutter* geht für den Fall, dass die Due Diligence durch einen neutralen sachverständigen Dritten erfolgt ist, sogar noch darüber hinaus: Dann müsse die Information der verbleibenden Aktionäre sogar unverzüglich im Wege der öffentlichen Bekanntgabe der Ergebnisse der Bewertung erfolgen und dürfe nicht erst in der nächsten Hauptversammlung herbeigeführt werden, da dieser Anspruch dann originär im Gleichbehandlungsgebot des § 53a AktG und nicht in § 131 Abs. 4 AktG wurzele[162].

Die Gegenansicht lehnt einen derartigen Anspruch ab[163]. Die Informationsweitergabe im Rahmen einer Due Diligence geschehe nur auf Grund der erwarteten Vorteile des Aktienerwerbs und sei daher eng mit der Person des Erwerbers verbunden[164]. Die entsprechende Offenbarung in der Hauptversammlung bringe hingegen keine solchen Vorteile mit sich und müsse daher unterbleiben[165].

Das Gleichbehandlungsgebot nach § 53a AktG gebe lediglich einem anderen Großaktionär dasselbe Recht auf Unterstützung einer Due Diligence, wie es dem ursprünglichen Aktionär gestattet worden sei[166]. Würde man einen weitergehenden Auskunftsanspruch anerkennen, wären alle Maßnahmen zur Risikominimierung bei der eigentlichen Informationsweitergabe obsolet[167].

Außerdem argumentieren einige, der Vorstand dürfe die Auskunft nach § 131 Abs. 3 Nr. 5 AktG verweigern, weil er sich sonst nach § 404 Abs. 1 Nr. 1 AktG, und, wenn es sich um Insiderinformationen handelt, auch nach § 38 Abs. 1 Nr. 2

---

[161] *Treeck* in: FS Fikentscher, 435 (445 f.); *Lutter*, ZIP 1997, 613 (618); ohne Begründung auch *Decher*, ZHR 158 (1994), 473 (490).
[162] *Lutter*, ZIP 1997, 613 (618).
[163] *Schroeder*, DB 1997, 2161 (2165); *Mertens*, AG 1997, 541 (547); *Ziemons*, AG 1999, 492 (496); *Ziegler*, DStR 2000, 249 (254); *Linker/Zinger*, NZG 2002, 497 (502).
[164] *Schroeder*, DB 1997, 2161 (2165); *Linker/Zinger*, NZG 2002, 497 (502).
[165] *Schroeder*, DB 1997, 2161 (2165); sinngemäß auch: *Mertens*, AG 1997, 541 (547).
[166] *Mertens*, AG 1997, 541, (547); *Meincke*, WM 1998, 749 (751).
[167] *Mertens*, AG 1997, 541, (547); *Meincke*, WM 1998, 749 (751).

iVm § 14 Abs. 1 Nr. 2 WpHG, strafbar mache[168]. Auch das Gleichbehandlungsgebot nach § 53a AktG zwinge nicht zu einer anderen Betrachtung[169].

Andere führen für diese Ansicht an, § 131 Abs. 4 AktG beziehe sich nur auf Offenbarungen, die der Vorstand gemäß der Absätze 1 und 3 dieser Norm gemacht habe, aber nicht auf einen Fall wie den vorliegenden, bei dem der Vorstand das Geheimhaltungsinteresse der Gesellschaft wegen übergeordneter Prinzipien durchbrochen habe[170].

Im Folgenden soll versucht werden, die Argumente, die für und gegen einen Anspruch der verbleibenden Aktionäre aus § 131 Abs. 4 AktG sprechen, methodisch einzuordnen und abzuwägen.

## b) Wortlaut

§ 131 Abs. 4 Satz 1 AktG spricht zunächst davon, dass einem Aktionär in seiner Eigenschaft als Aktionär eine Auskunft außerhalb der Hauptversammlung gegeben worden sein muss.

Diesbezüglich ist schon fraglich, ob die Vorschrift auf die vorliegende Problematik überhaupt Anwendung finden kann. Denn der Wortlaut ist schließlich Grenze der Auslegung[171]. Und der potenzielle Erwerber, dem im Rahmen der Due Diligence die Informationen zugänglich gemacht werden, ist ja streng genommen zum Zeitpunkt der Informationsoffenbarung (also vor dem Kaufvertragsschluss und auf jeden Fall vor der dinglichen Anteilsübertragung) noch gar nicht Aktionär[172].

Andererseits ließe sich zumindest auch vertreten, dass der Erwerbsinteressent als *zukünftiger* Aktionär schon unter den Aktionärsbegriff des § 131 Abs. 4 AktG

168 *Roschmann/Frey*, AG 1996, 449 (454); *Schroeder*, DB 1997, 2161 (2165); *Ziegler*, DStR 2000, 249 (254).
169 *Schroeder*, DB 1997, 2161 (2165); *Ziegler*, DStR 2000, 249 (254).
170 *Ziemons*, AG 1999, 492 (496).
171 *Larenz*, Methodenlehre, S. 324.

fällt. Außerdem könnte man bei einer ganzheitlichen Betrachtungsweise den gesamten Due-Diligence-Prozess als durch den Veräußerer veranlasst ansehen und die Offenbarung an den Erwerbsinteressenten quasi als eine Offenbarung an ersteren betrachten. Das ist sicherlich auch insofern nicht falsch, als der Veräußerer zwar nicht Empfänger der offenbarten Daten ist, aber regelmäßig während der Due Diligence ebenfalls Gelegenheit zur Einsichtnahme in diese erhält.

Obwohl also schon der Status des Erwerbers als „Noch-nicht-Aktionär" eher gegen eine Anwendbarkeit des § 131 Abs. 4 AktG spricht, so ist zumindest eine wortlautkonforme Auslegung denkbar, die den Erwerber und den Veräußerer in den Geltungsbereich mit einbezieht.

### c) Gesetzessystematik

Unter gesetzessystematischen Gesichtspunkten gibt es für das Problem des § 131 Abs. 4 AktG mehrere Anknüpfungspunkte.

#### aa) Mögliche Strafbarkeit des Vorstandes

Die Überlegung, dass sich der Vorstand durch die Offenbarung an die übrigen Aktionäre strafbar machen würde, überzeugt nicht; denn sie beinhaltet letztlich einen Zirkelschluss. Die Frage, ob der Vorstand die Due Diligence-Informationen in der Hauptversammlung an alle Aktionäre offenbaren muss, ist ja gerade die in Streit stehende Problematik. Ergibt sich im Wege der Auslegung aber eine Pflicht zur Offenbarung in der Hauptversammlung, so ist die Information der übrigen Aktionäre auch zulässig und rechtfertigt den Vorstand im Sinne der infrage kommenden Straftatbestände. Eine etwaige Strafbarkeit kann also nur Ergebnis, aber nicht Argument des Auslegungsprozesses sein.

---

[172] Zumindest, wenn er zuvor noch keine Aktien erworben hat. Darauf kommt es aber wegen der folgenden Argumentation letztlich nicht an.

### bb) § 131 Abs. 3 AktG

Es liegt nahe, den § 131 Abs. 4 AktG mit den vorhergehenden Absätzen derselben Norm, vor allem dem Abs. 3, in Bezug zu setzen. Hat der Vorstand eine Auskunft über einen Umstand des Abs. 3, die er ja eigentlich verweigern dürfte, an einen Aktionär gegeben, so muss er diese selbstredend auch an die anderen Aktionäre geben und darf sich nicht plötzlich auf sein Verweigerungsrecht berufen. Diesen Bezug stellt deutlich § 131 Abs. 4 Satz 2 AktG her, in dem Abs. 3 ausdrücklich zitiert wird. Bei den im Wege der Due Diligence herausgegebenen Informationen handelt es sich aber nicht um solche des § 131 Abs. 3 AktG. Vielmehr geschieht die Herausgabe primär auf Grund des Gesellschaftsinteresses an der Transaktion, also wegen eines übergeordneten Interesses.

Daher ist die gängige Ansicht, § 131 Abs. 4 AktG beziehe sich auf *alle* Fälle der Information eines Aktionärs außerhalb der Hauptversammlung, in der bisherigen Form zweifelhaft.

### cc) § 53a AktG

Über diese Erwägungen hinaus muss bei der Auslegung des § 131 Abs. 4 AktG beachtet werden, dass die Vorschrift letztlich Ausfluss des § 53a AktG, also des Grundsatzes der Gleichbehandlung aller Aktionäre ist. Die Tatsache, dass § 53a AktG auch zur aktiven Gleichbehandlung verpflichtet, findet unter anderem in § 131 Abs. 4 AktG ihren Niederschlag[173].

§ 53a AktG verlangt jedoch nur eine Gleichbehandlung unter gleichen Voraussetzungen. Eine Ungleichbehandlung ist also dann gerechtfertigt, wenn es dafür einen sachlichen Grund gibt[174]. In der Regel reicht dafür der alleinige Status des Veräußerers und des potenziellen Erwerbers als (zukünftiger) Großaktionär nicht

---

[173] *Hüffer*, § 53a Rdnr. 12; *Henn*, AG 1985, 240 (244).
[174] *BGHZ* 120, 141 (150 f.); *Wiesner*, in: MünchHdb AG, § 17 Rdnr. 11; *Hüffer*, § 53a Rdnr. 8, 10.

aus[175]. Denn eine Differenzierung zwischen den verschiedenen Aktionärsgruppen soll gerade nicht stattfinden.

Der Status des zukünftigen Aktionärs ist aber auch nicht Grund für die Offenbarung im Rahmen der Due Diligence. Sie beruht vielmehr auf der Erwägung, dass der beabsichtigte Deal im Gesellschaftsinteresse liegt. Die zugrunde liegenden Gesichtspunkte sind also sehr wohl als sachlicher Grund für die Ungleichbehandlung anzusehen.

Das muss richtigerweise auch heißen, dass diese Differenzierungsgründe zu berücksichtigen sind, wenn in der Hauptversammlung ein anderer Aktionär plötzlich dieselbe Information verlangt. Ein Kleinanleger bringt keines der hergeleiteten Merkmale mit sich und kann daher auch keine aktive Gleichbehandlung nach § 131 Abs. 4 AktG verlangen. Und auch ein anderer Großaktionär erfüllt die Kriterien nur dann, wenn er seinerseits die Veräußerung seines Aktienpakets vorbereiten will.

Deswegen ist § 131 Abs. 4 AktG unter Berücksichtigung von Sinn und Zweck des § 53a AktG – Gleichbehandlung unter **gleichen** Voraussetzungen – einschränkend auszulegen und nur dann anwendbar, wenn der die Auskunft begehrende Aktionär dieselben Kriterien erfüllt wie der Aktionär, dem durch den Vorstand außerhalb der Hauptversammlung Gesellschaftsinterna offenbart worden sind. Das heißt, unter systematischen Gesichtpunkten darf kein Aktionär verlangen, dass die Due Diligence-Informationen in der nächsten Hauptversammlung an ihn offenbart werden. Lediglich ein anderer Paketaktionär hat in einer vergleichbaren Situation ein Recht auf Gleichbehandlung und zwar in der Form, dass zu seinen Gunsten ebenfalls eine Due Diligence unterstützt wird.

---

175 *Henn*, AG 1985, 240 (244).

### d) Sinn und Zweck

Die gerade geführte Argumentation wird auch durch die objektiv-teleologische Auslegung gestützt.

Zweck des § 131 Abs. 4 AktG ist die Verhinderung eines Informationsmonopols von Aktionären[176]. In diesem Zusammenhang muss man sich fragen, weshalb ein solches Informationsmonopol verhindert werden soll. Das Verbot erfüllt sicherlich keinen Selbstzweck. Vielmehr kann es nur den Zweck haben, den Aktionären gleiche Möglichkeiten für die Ausübung ihrer (eigennützigen und fremdnützigen) Mitgliedschaftsrechte zu gewährleisten. Dass aber die verbleibenden Aktionäre in der Ausübung ihrer Mitgliedschaftsrechte durch die Due Diligence nicht beeinträchtigt werden, sondern weiterhin ihre Rechte wie zuvor ausüben können – in der Regel geht es lediglich um das Hauptversammlungsstimmrecht –, haben die vorherigen Ausführungen bereits ergeben. Das heißt, sowohl der Erwerbsinteressent als auch der veräußerungswillige Paketaktionär erlangen zwar ein gewisses Informationsmonopol, dieses führt aber nicht zu einer Benachteiligung der verbleibenden Aktionäre. Insofern macht es auch keinen Sinn, den verbleibenden Aktionären die im Rahmen der Due Diligence offenbarten Daten zur Verfügung zu stellen.

Diese Auslegung wird auch dem Geheimnischarakter der im Wege der Due Diligence gewonnenen Informationen am ehesten gerecht. Gewährte man allen anderen Aktionären dieselben Informationen wie den am Unternehmenskaufvertrag beteiligten Vertragspartnern, so würden alle zuvor angesprochenen Maßnahmen zum Geheimnisschutz *ad absurdum* geführt.

### e) Zwischenergebnis zu § 131 Abs. 4 AktG

Wie dargelegt bestehen schon Zweifel, ob die im Wege der Due Diligence offenbarten Informationen dem potenziellen Erwerber bzw. dem Veräußerer überhaupt dem Wortlaut der Vorschrift nach „in seiner Eigenschaft als Aktionär" zugänglich gemacht werden. Jedenfalls ist aber ein Auskunftsanspruch der verbleibenden Aktionäre in der Hauptversammlung gemäß § 131 Abs. 4 AktG aus systematischen und objektiv-teleologischen Gründen abzulehnen. Allenfalls ein anderer Großaktionär kann im Falle der Veräußerung seines eigenen Anteils verlangen, dass ihm ebenso wie dem schon unterstützten Paketaktionär durch eine Due Diligence Hilfe geleistet wird.

## C. Annex zu Teil 1: Verbot der Weitergabe von Insidertatsachen

Die vorliegende Darstellung wäre unvollständig, würde nicht auch noch zum Verbot der Weitergabe von Insidertatsachen Stellung genommen, das § 14 Abs. 1 Nr. 2 WpHG etabliert. Denn der Vorstand einer Aktiengesellschaft verstößt durch die Unterstützung einer Due Diligence nicht nur latent gegen seine gesellschaftsrechtliche Geheimhaltungspflicht, wozu auf den vorherigen Seiten Stellung genommen wurde. Bei einer *börsennotierten* Zielgesellschaft besteht ferner auch die Möglichkeit, dass gegen § 14 Abs. 1 Nr. 2 WpHG verstoßen und damit eine Strafbarkeit nach § 38 Abs. 1 Nr. 2 WpHG ausgelöst wird.

### I. Allgemeines

Die Vorschrift des § 14 Abs. 1 Nr. 2 WpHG verbietet es einem (Primär-)Insider, einem anderen eine Insidertatsache unbefugt mitzuteilen. Die Regelung geht zurück auf die EG-Insiderrichtlinie[177]. Ihr Zweck ist der Schutz der Funktionsfähigkeit der Wertpapiermärkte innerhalb der Europäischen Union sowie der EWR-Vertragsstaaten[178]. Es sollen die informationelle Chancengleichheit der Marktteilnehmer gewährleistet, Sondervorteile auf Grund status-, funktions- oder zufallsbedingter Erlangung nicht öffentlich bekannter Tatsachen verhindert sowie der Kreis der Insider beschränkt werden[179].

---

[176] *Hüffer*, § 131 Rdnr. 36; *Zöllner*, in: Kölner Komm., § 131 Rdnr. 59, 60.

[177] Richtlinie 89/592/EWG des Rates der Europäischen Gemeinschaften vom 13.11.1989 zur Koordinierung der Vorschriften betreffend Insidergeschäfte, ABl. EG Nr. L 334/30.

[178] BT-Drucks. 12/6679, S. 45.

Aufgrund ihrer Stellung als Organ der Gesellschaft sind die Mitglieder des Vorstandes Primärinsider im Sinne des § 13 Abs. 1 Nr. 1 WpHG. Sie fallen damit in den personalen Anwendungsbereich des § 14 Abs. 1 Nr. 2 WpHG.

Insidertatsachen sind entsprechend der Legaldefinition des § 13 Abs. 1 WpHG nicht öffentlich bekannte Tatsachen, die sich auf einen oder mehrere Emittenten von Insiderpapieren beziehen und geeignet sind, im Falle ihres öffentlichen Bekanntwerdens den Kurs der Insiderpapiere erheblich zu beeinflussen. Bei den Aktien einer börsennotierten Aktiengesellschaft handelt es sich um Insiderpapiere im Sinne des § 12 Abs. 1 Nr. 1 WpHG. Die Informationen, die im Rahmen einer Due Diligence offenbart werden, sind (von Ausnahmen wie z. B. Handelsregister- und Grundbuchauszügen abgesehen) gerade nicht der Öffentlichkeit bekannt, sonst müsste die Due Diligence ja gar nicht durchgeführt werden. Zumindest einem Teil der Tatsachen ist zudem Kursbeeinflussungspotenzial beizumessen[180]. Dieses begründet sich unter anderem dadurch, dass die Informationen auch zur Ermittlung des Wertes der zu veräußernden Assets bzw. des Aktienpaketes benötigt werden. Dass wertbildende Faktoren, die der Öffentlichkeit bisher nicht bekannt waren, Einfluss auf den Aktienkurs haben können, ist allgemein bekannt. Dementsprechend handelt es sich bei den Due Diligence-Informationen zumindest teilweise um Insiderinformationen, so dass die Vorschrift des § 14 Abs. 1 Nr. 2 WpHG auch sachlich anwendbar ist.

Um gegen das Verbot des § 14 Abs. 1 Nr. 2 WpHG zu verstoßen, muss der Insider die Insidertatsache unbefugt mitteilen oder zugänglich machen. Dabei weist hier die Formulierung „unbefugt" nicht auf die allgemeine Rechtswidrigkeit hin, wie das bei § 404 AktG der Fall ist, vielmehr handelt es sich bei diesem Begriff um ein Tatbestandsmerkmal[181].

Ob eine Weitergabe oder Offenbarung im Rahmen der Due Diligence unbefugt im Sinne dieser Vorschrift ist, ist fraglich.

---

179 *Assmann/Cramer*, in: Assmann/Schneider, § 14 Rdnr. 48; *Ziemons*, AG 1999, 492 (497).
180 *Ziegler*, DStR 2000, 249 (253); *Roschmann/Frey*, AG 1996, 449 (453); *Schroeder*, DB 1997, 2161 (2164).

## II. Argumente für eine Unbefugtheit

Für eine Unbefugtheit der Weitergabe könnte das Gebot der informationellen Gleichbehandlung der Anleger sprechen. Es ließe sich argumentieren, dass vor dem Erwerb eigentlich die Publizitätspflicht nach § 15 WpHG erfüllt werden müsste[182]. Da aber eine Offenlegung der Informationen an die Öffentlichkeit gerade nicht erfolgen soll, könnte sich daraus im Umkehrschluss die Unzulässigkeit der Offenbarung ergeben. Außerdem ist zu bedenken, dass teilweise unabhängig vom konkreten Problem der Due Diligence beim Beteiligungskauf generell eine restriktive Auslegung des Begriffs „Befugtheit" befürwortet wird[183]. Der Kreis derjenigen, die Kenntnis von Insidertatsachen haben, soll so klein wie möglich gehalten werden, um das Risiko von Insidergeschäften zu minimieren[184]. Auch daraus könnte man eine „Unbefugtheit" der Offenbarung im Zusammenhang mit der Due Diligence folgern.

## III. Argumente gegen eine Unbefugtheit

In Bezug auf Beteiligungsveräußerungen hat sich aber zu Recht eine andere Ansicht als herrschend etabliert, nach der die Offenbarung im Rahmen der Due Diligence nicht „unbefugt" im Sinne des § 14 Abs. 1 Nr. 2 WpHG ist[185]. Wie sich zeigen wird, treffen die Argumente zudem im Wesentlichen auch auf den Asset Deal zu.

Da die Vorschrift des § 14 Abs. 1 Nr. 2 WpHG auf Europarecht zurückgeht, bedarf es der Berücksichtigung der entsprechenden EG-Richtlinie, um eine europarechtskonforme Auslegung der Vorschrift zu gewährleisten. Die Richtlinie untersagt in Art. 3 lit. a) Personen die Offenbarung von Insiderinformationen,

---

181 *Roschmann/Frey*, AG 1996, 449 (453).
182 *Weimann*, DStR 1998, 1556 (1560 f.).
183 *Assmann/Cramer*, in: Assmann/Schneider, § 14 Rdnr. 48.
184 *Assmann/Cramer*, in: Assmann/Schneider, § 14 Rdnr. 48.
185 *Assmann/Cramer*, in: Assmann/Schneider, § 14 Rdnr. 88 f.; *Schroeder*, DB 1997, 2161 (2164); *Linker/Zinger*, NZG 2002, 497 (500).

> „soweit dies nicht in einem normalen Rahmen in Ausübung ihrer Arbeit oder ihres Berufs oder in Erfüllung ihrer Aufgaben geschieht."

Wenn man nun mit den zur *gesellschaftsrechtlichen* Geheimhaltungspflicht gewonnenen Argumenten bedenkt, dass der Vorstand die Due Diligence durchführt, weil er sie (bzw. den Asset Deal) für im Interesse der Gesellschaft liegend erachtet, so ist die Offenbarung auch als „Erfüllung ihrer Aufgaben" im Sinne der Richtlinie anzusehen.

Ferner ist zu berücksichtigen, dass der Aktienerwerb in der Regel außerbörslich erfolgen soll und der Erwerbsinteressent keine Finanzinvestition, sondern eine unternehmerische Beteiligung iSd WpHG sucht[186]. Vor diesem Hintergrund ist mit der Weitergabe der Informationen auch keine Gefährdung der Funktionsfähigkeit der Kapitalmärkte zu erwarten, die ja Schutzgut des § 14 Abs. 1 Nr. 2 WpHG ist. Bei einem Asset Deal ist die Gefährdung der Kapitalmärkte noch viel weniger denkbar.

Diese Auffassung wird in Bezug auf den Share Deal ferner durch die Regierungsbegründung zum Insidererwerbsverbot des § 14 Abs. 1 Nr. 1 WpHG gestützt. Dort heißt es nämlich:

> „Der Erwerb eines Aktienpakets ist grundsätzlich erlaubt. Er dient nicht dazu, sich unter Missachtung der Chancengleichheit der Anleger einen missbilligenswerten Vorteil zu verschaffen. Dies ist auch dann nicht der Fall, wenn sich der potenzielle Erwerber im Rahmen der Vertragsverhandlungen die Unterlagen des zu veräußernden Unternehmens vorlegen lässt und hierdurch Kenntnis von Insidertatsachen erhält."[187]

Damit gibt der Gesetzgeber zu erkennen, dass er den Pakethandel generell für zulässig erachtet und sich in diesem Zusammenhang auch der Problematik der Due Diligence bewusst ist. Wenn er den Erwerb nach einer Due Diligence erwer-

---

[186] *Schroeder*, DB 1997, 2161 (2165).
[187] BT-Drucks. 12/6679, S.47.

berseitig nicht als unzulässiger Verwertung von Insiderinformationen erachtet, so kann im Umkehrschluss auch nicht die Auskunftserteilung durch den Vorstand der Zielgesellschaft zum Zwecke der Due Diligence als unbefugte Offenbarung gelten[188].

Diese Interpretation wird schließlich auch noch durch die Praxis des Bundesaufsichtsamtes für den Wertpapierhandel gestützt, das gemäß § 16 WpHG für die Überwachung von börslichen und außerbörslichen Wertpapiertransaktionen zuständig ist. Es schreitet in der Regel nicht wegen Verstoßes gegen § 14 WpHG ein, wenn der potenzielle Erwerber eine unternehmerische Beteiligung iSd WpHG beabsichtigt, die nicht lediglich eine Finanzanlage darstellt[189].

Insofern ist also mit der herrschenden Meinung eine Befugtheit der Offenbarung zu bejahen, wenn es nicht zu einer Gefährdung des Kapitalmarktes kommt. Bei einem Asset Deal ist dies ohnehin nicht denkbar. Beim Share Deal kommt es darauf an, dass der potenzielle Erwerber nicht nur eine Finanzanlage erwerben will.

### IV. Keine bloße Finanzinvestition?

Nach alldem stellt sich nun noch die Frage, wann denn eine Finanzanlage abzulehnen ist. Das Bundesaufsichtsamt für den Wertpapierhandel[190] verneinte jedenfalls dann eine derartige Beteiligung, wenn der Erwerber durch das Aktienpaket eine Präsenzmehrheit in der Hauptversammlung erlangt[191].

Ein anderer Ansatz wäre § 21 WpHG. Dort ist eine 5 %-Beteiligung die Schwelle für eine Meldepflicht. Diesen Ansatz verfolgend könnte man schon ab einer sol-

---

[188] Ebenso: *Schroeder*, DB 1997, 2161 (2164); *Schmidt-Diemitz*, DB 1996, 1809 (1810); *Ziegler*, DStR 2000, 249 (253); *Roschmann/Frey*, AG 1996, 449 (454); *Ziemons*, AG 1999, 492 (499).

[189] *Schroeder*, DB 1997, 2161 (2165); *Ziemons*, AG 1999, 492 (498 f.); *Körber*, NZG 2002, 263 (267).

[190] Mit Wirkung zum 01.05.2002 aufgegangen in der neuen Bundesanstalt für Finanzdienstleistungsaufsicht (Gesetz über die Bundesanstalt für Finanzdienstleistungsaufsicht (FinDAG) vom 22.04.2002, BGBl. I, S. 1310)).

[191] *Schroeder*, DB 1997, 2161 (2165).

chen Quote ein „mehr“ als eine Finanzinvestition bejahen. Eine solche Argumentation ließe sich heutzutage auch noch durch § 31 Abs. 3 Nr. 1 WpÜG stützen, der eine Barofferte bei einem Übernahmeangebot anordnet, sofern der Bieter in den letzten sechs Monate ein „substantial share“ von 5 % an der Zielgesellschaft gegen bar erworben hat[192].

Richtigerweise wird in der Literatur jedoch darauf hingewiesen, dass es für die Beantwortung dieser Frage keine starren Grenzen geben kann[193]. Denn bei einer Gesellschaft, deren Aktien sich überwiegend im Streubesitz befinden, wird schon eine Beteiligung von mehr als 5% eine unternehmerische Beteiligung iSd WpHG sein[194]. Bei einer anderen Gesellschaft wird möglicherweise zumindest die Sperrminorität von 25% + einer Aktie erforderlich sein. Diese Beispiele lassen sich am besten mit dem „Merksatz“ zusammenfassen, dass eine unternehmerische Beteiligung iSd WpHG immer dann gegeben ist, wenn das Aktienpaket mehr ist als die Summe der wirtschaftlichen Einzelwerte der zum Paket gehörenden Aktien[195]. Indiz dafür kann etwa die Tatsache sein, dass für die Beteiligung ein Paketzuschlag geboten wird.

Letztlich ist das Problem, wann eine bloße Finanzinvestition abzulehnen ist, eine Frage des Einzelfalles. Jedenfalls bei einem Aktienpaket, das größer als 5-25 % ist und für das zudem ein Paketzuschlag geboten wird, wird man mit an Sicherheit grenzender Wahrscheinlichkeit eine unternehmerische Beteiligung iSd WpHG zu bejahen haben. Dann ist auch die Offenbarung befugt im Sinne des § 14 Abs. 1 Nr. 2 WpHG.

---

192 Vgl. zur Barofferte: *Thoma*, NZG 2002, 105 (108).
193 *Schmidt-Diemitz*, DB 1996, 1809 (1810).
194 Siehe dazu als praktisches Beispiel etwa die 10 % Beteiligung von Generali an der Commerzbank AG im Sommer 2000.
195 *Assmann/Cramer*, in: Assmann/Schneider, § 15 Rdnr. 88e; *Schmidt-Diemitz*, DB 1996, 1809 (1810); *Ziemons*, AG 1999, 492 (499).

### V. Ergebnis zum Insiderrecht

Aufgrund der vorgenannten Argumente ist in der Unterstützung der von einem potenziellen Erwerber verlangten Due Diligence durch den Vorstand einer börsennotierten Aktiengesellschaft kein Verstoß gegen § 14 Abs. 1 Nr. 2 WpHG zu sehen, da Kapitalmarktinteressen nicht gefährdet werden. Das kommt nicht bei einem Asset Deal, sondern lediglich bei dem Erwerb eines Aktienpakets in Betracht, ist aber auch dort nicht der Fall, wenn der Erwerbsinteressent eine unternehmerische Beteiligung iSd WpHG (von mehr als etwa 5-25%) und nicht nur eine bloße Finanzinvestition anstrebt, da dann keine Gefährdung der Funktionsfähigkeit des Kapitalmarktes zu befürchten ist.

## D. Ergebnis Teil 1

Das Ergebnis dieses ersten Teils lässt sich wie folgt zusammenfassen:

Beim Asset Deal liegt die Entscheidung über die Durchführung einer Due Diligence völlig in der Leitungsverantwortung des Vorstandes, § 76 Abs. 1 AktG. Kommt er zu dem Ergebnis, dass die Gesamttransaktion im Interesse der Gesellschaft liegt und dass sich die Risiken der Due Diligence durch Maßnahmen zum Geheimnisschutz begrenzen lassen, so steht der Durchführung der Due Diligence nichts im Wege.

Beim Share Deal liegt es ähnlich. Der Vorstand verstößt dann nicht gegen seine in § 93 Abs. 1 Satz 2 AktG niedergelegte Geheimhaltungspflicht, wenn er eine Due Diligence unterstützt, die eine im objektiven Gesellschaftsinteresse liegende Transaktion vorbereitet und sich die Risiken der Due Diligence durch entsprechende Maßnahmen zum Geheimnisschutz begrenzen lassen.

Die Weitergabe von Informationen im Rahmen einer Due Diligence führt aus verschiedenen Gründen nicht zu einem Anspruch der verbleibenden Aktionäre nach § 131 Abs. 4 AktG auf Herausgabe derselben Informationen an sie. Lediglich ein anderer Paketaktionär kann verlangen, dass ihm in einer vergleichbaren Situation auf dieselbe Art und Weise geholfen wird.

Ferner liegt in der Weitergabe von Informationen im Rahmen der Due Diligence kein Verstoß gegen § 14 Abs. 1 Nr. 2 WpHG, wenn es um den Erwerb einer unternehmerischen Beteiligung iSd WpHG geht. Wesentlicher Grund hierfür ist, dass der Erwerb keine Kapitalmarktinteressen gefährdet.

# TEIL 2: ANSPRUCH DES PAKETAKTIONÄRS AUF DURCHFÜHRUNG EINER DUE DILIGENCE?

Nachdem im ersten Teil ausgeführt worden ist, dass der Vorstand unter gewissen Voraussetzungen sehr wohl der Durchführung einer Due Diligence zustimmen kann, ohne gegen § 93 Abs. 1 Satz 2 AktG und § 14 WpHG zu verstoßen, soll im Folgenden untersucht werden, ob nicht der Paketaktionär sogar einen Anspruch gegen die Gesellschaft auf eine derartige Unterstützung seiner geplanten Anteilsveräußerung haben kann.

Diese Frage wird vor allem deshalb zunehmend virulent, weil in den letzten Jahren die Zahl der Neugründungen von Aktiengesellschaften deutlich zugenommen hat[196] und aller Voraussicht nach weiter steigen wird. Denn seit der Einführung der sogenannten kleinen AG[197] wählen auch kleinere und mittlere Unternehmen diese Rechtsform[198]. Insofern ist davon auszugehen, dass sich in der Zukunft die Zahl der Fälle mehren wird, in denen ein Großaktionär die Durchführung einer Due Diligence von der Gesellschaft verlangt, obwohl der Vorstand die Unterstützung verweigert.

Dabei soll von dem Grundfall ausgegangen werden, dass der Großaktionär eine Due Diligence für eine Anteilsveräußerung an einen außerhalb der Gesellschaft stehenden Erwerbsinteressenten verlangt, der noch keine Anteile an der Zielgesellschaft hat und deswegen auch noch nicht in einem unmittelbaren Rechtsverhältnis zur Gesellschaft steht[199].

---

[196] Im Jahr 1995 gab es nur 3.780 Aktiengesellschaften, bis Anfang 2002 ist diese Zahl auf 13.598 angestiegen, *Hansen*, AG 2002, R 75 (76).

[197] Gesetz für kleine Aktiengesellschaften und zur Deregulierung des Aktienrechts vom 2.8.1994 (BGBl. I S. 1961).

[198] Zu den Motiven für die Gründung einer kleinen AG: *Seibert*, in: Seibert/Kiem, S. 16 ff.

[199] Ob sich an den Erwägungen etwas ändert, wenn der Erwerbsinteressent bereits Aktionär ist und welchen Einfluss möglicherweise das Bestehen eines (faktischen) Konzernverhältnisses hat, wird unter Gliederungspunkt G (Annex) behandelt.

## A. Meinungsstand

Die Frage nach einem Anspruch des Aktionärs gegen die Gesellschaft auf Durchführung einer Due Diligence wird von der rechtswissenschaftlichen Literatur nur am Rande angesprochen. Ihre Auffassung dazu ist kurz und knapp: Einen Informationsanspruch des veräußerungswilligen Aktionärs, der dem Umfang der Due Diligence gerecht werde, gebe es nicht[200]. Das Aktiengesetz sehe lediglich das Fragerecht des Aktionärs in der Hauptversammlung nach § 131 AktG vor, ein darüber hinausgehendes **umfassendes** Informationsrecht außerhalb der Hauptversammlung kenne das AktG aber nicht[201].

Mangels eines solchen Informationsrechts besteht also nach dem derzeitigen Meinungsstand keine Möglichkeit des veräußerungswilligen Paketaktionärs, die Durchführung einer Due Diligence zu verlangen. Es stellt sich die Frage, ob sich jene Ansicht in einer solchen Absolutheit aufrechterhalten lässt. Dieser zweite Teil der Untersuchung wird versuchen, der gerade aufgeworfenen Problematik auf den Grund zu gehen.

Dabei sollen zuerst die gesetzlichen Informationsrechte auf ihre Ergiebigkeit im Hinblick auf einen Anspruch auf Unterstützung einer Due Diligence geprüft werden. Im Anschluss wird erörtert werden, ob es nicht möglicherweise einen ungeschriebenen Informationsanspruch des Großaktionärs gibt, welcher zur Due Diligence berechtigt.

## B. Gesetzlich normierte Informationsrechte des Aktionärs

Zunächst werden also zur Beantwortung dieses Fragenkomplexes die gesetzlichen Informationsrechte des Aktionärs genauer untersucht werden. Denn wenn

---

200 *Lutter*, ZIP 1997, 613 (616); *Mertens*, AG 1997, 541 (543); *Ziegler*, DStR 2000, 249 (252); *Stoffels*, NJW 2001, 362 (369 f.); *Linker/Zinger*, NZG 2002, 497 (501); im Ergebnis auch *Körber*, NZG 2002, 263 (265), der zwar theoretisch einen in der Treuepflicht der Gesellschaft gegenüber ihrem Aktionär wurzelnden Informationsanspruch dann bejaht, wenn dem Aktionär andernfalls schwere Nachteile drohen würden. Daraus dürfe sich jedoch praktisch „kaum ein Anspruch auf Zulassung einer umfassenden Due Diligence ableiten lassen".

201 *Hüffer* § 131 Rdnr. 22; *Treeck*, in: FS Fikentscher,435 (454); *Ziegler*, DStR 2000, 249 (252).

sich ein solcher Informationsanspruch schon gesetzlich begründen ließe, bedürfte es keiner Herleitung eines ungeschriebenen Anspruchs mehr.

Aus systematischer Sicht ist bei der Untersuchung der im AktG vorgesehenen Informationsrechte zwischen kollektiven Informationsrechten auf der einen Seite und individuellen Informationsrechten auf der anderen Seite zu unterscheiden.

## I. Kollektive Informationsrechte

Kollektive Informationsrechte sind in den verschiedenen Berichtspflichten, die das AktG vorsieht, konkretisiert und finden sich namentlich in den §§ 92 Abs. 1, 120 Abs. 3 S. 2 und 3, 121 Abs. 3, 124 Abs. 1 bis 3, 125 Abs. 1, 3, 4, 175 Abs. 1 bis 3, 176 Abs. 1, 179a Abs. 2, 186 Abs. 4 S. 2, 293a, 293f, 293g Abs. 1 und 2, 319 Abs. 3 S. 1 bis 3 , 320 Abs. 4 S. 1 und 2, 337 Abs. 1 bis 3 AktG sowie in anderen Vorschriften außerhalb des Aktiengesetzes, etwa im UmwG.

Kollektive Informationsrechte sind die Kehrseite der aus der Organverantwortlichkeit folgenden Informationspflichten der Mitglieder eines Gesellschaftsorgans gegenüber der Gesellschaft[202]. Sie sind, wie sich aus den zitierten Normen zeigt, als Berichtspflichten gegenüber dem Kollektiv aller Gesellschafter ausgestaltet. Verpflichtet ist durch sie das jeweilige Organ, während Träger des Informationsrechts nicht das einzelne Verbandsmitglied ist, hier also der Aktionär, sondern der Verband als Kollektiv[203], hier also die Aktiengesellschaft. Wie sich aus der Struktur der kollektiven Informationsrechte ergibt, können diese nie zu einem individuellen Anspruch des einzelnen Aktionärs führen. Ausschließlich die individuellen Informationsrechte begründen einen subjektiven Anspruch des einzelnen Gesellschafters auf Offenbarung einer Information[204].

---

202 *K. Schmidt*, Informationsrechte, S. 16; *Groß*, AG 1997, 97 (100).
203 *K. Schmidt*, Informationsrechte, S. 18.
204 *K. Schmidt*, Informationsrechte, S. 15; *Groß*, AG 1997, 97 (100).

Zur Begründung eines etwaigen Anspruchs auf Due Diligence können kollektive Informationsrechte deshalb schon ihrer Struktur nach nicht herangezogen werden.

## II. Individuelle Informationsrechte

Die individuellen Informationsrechte des AktG gewähren dem Aktionär einen subjektiven Anspruch auf Informationsgewährung durch die Gesellschaft[205]. Aus systematischer Sicht wären sie also geeignet, dem Aktionär auch ein etwaiges subjektives Recht auf Informationen im Rahmen einer Due Diligence zu geben. Es fragt sich aber, ob sie dazu auch ihrer inhaltlichen Ausgestaltung nach passen.

### 1. Das Auskunftsrecht nach § 131 Abs. 1 AktG

Das „generelle" aktienrechtliche Auskunftsrecht des Aktionärs ist in § 131 Abs. 1 AktG geregelt. Es leitet sich unmittelbar aus der Mitgliedschaft ab[206]. Wie sich schon aus dem Wortlaut der Norm ergibt, besteht dieser Auskunftsanspruch aber nur im Rahmen der Hauptversammlung und zudem nur insoweit, als die Information zur sachgemäßen Beurteilung eines Tagesordnungspunkts erforderlich ist.

Der Begriff der „Angelegenheiten der Gesellschaft" ist zwar weit auszulegen, so dass nach allem gefragt werden darf, was mit der Tätigkeit der Gesellschaft zu tun hat[207]. Dennoch bleibt der Informationsanspruch auf Auskünfte beschränkt, die „zur sachgemäßen Beurteilung eines Gegenstandes der Tagesordnung erforderlich" sind. Bei einem Anteilsverkauf durch einen der Aktionäre der Gesellschaft handelt es sich nicht um einen Gegenstand der Hauptversammlung, so dass er

---

205 *K. Schmidt*, Informationsrechte, S. 15; *Groß*, AG 1997, 97 (100).

206 *Hüffer*, § 131 Rdnr. 2; *K. Schmidt*, GesR, § 28 IV 3 a); *Groß*, AG 1997, 97 (103).

207 *Hüffer*, § 131 Rdnr. 11; *Grunewald*, GesR, 2. C. Rdnr. 138; abweichend: *Groß*, AG 1997, 97 (104), der unter Bezugnahme auf *BayObLG*, AG 1996, 563 (564) im Begriff „Angelegenheiten der Gesellschaft" eine tatbestandliche Beschränkung des § 131 Abs. 1 AktG sieht. Wegen der Interessenpluralität in der Aktiengesellschaft (siehe hierzu bereits oben: Teil1, B II 1 d)) dürfte der Begriff jedoch tatsächlich keinerlei Beschränkung bedeuten. Eine solche erfährt § 131 Abs. 1 AktG erst durch das Tatbestandsmerkmal „zur sachgemäßen Beurteilung eines Gegenstandes der Tagesordnung erforderlich".

auch nicht auf die Tagesordnung gehört und deswegen nicht mit Fragen nach § 131 Abs. 1 AktG erhellt werden darf. Und auch wenn andere Tagesordnungspunkte, die ein sehr weites Themengebiet umfassen – wie etwa die Entlastung des Vorstandes –, den Anspruch kaum einschränken[208], so dürfte ein Informationsumfang, welcher der Offenbarung bei einer Due Diligence gleich kommt, kaum zur Beurteilung eines solchen Tagesordnungspunktes notwendig sein.

Ferner geht es bei der Due Diligence selten lediglich um Auskunft durch den Vorstand, sondern auch um Einsicht in die Bücher und Unterlagen der Gesellschaft. Ein Einsichtsrecht gewährt § 131 AktG aber ohnehin nicht.

Schließlich ist zu bedenken, dass der Vorstand die Auskunft verweigern darf, wenn die Auskunftserteilung geeignet ist, der Gesellschaft einen nicht unerheblichen Nachteil zuzufügen, § 131 Abs. 3 Nr. 1 AktG. Das wäre bei einer dem Umfang einer Due Diligence entsprechenden Offenbarung von Interna der Gesellschaft im Rahmen einer Hauptversammlung der Fall, denn eine Auskunft dort bedeutet quasi eine Offenbarung an die Öffentlichkeit, die auf Grund der Vertraulichkeit der Due-Diligence-Daten nicht vertretbar ist.

Anhand dieser Aspekte kann der Literaturansicht zunächst insofern zugestimmt werden, als dass der gesetzliche Auskunftsanspruch aus § 131 Abs. 1 AktG kein Informationsrecht in Bezug auf eine Due Diligence etabliert.

## 2. Spezielle Auskunftsrechte

Auch an anderen Stellen des AktG und des UmwG finden sich individuelle Auskunftsansprüche des Aktionärs. Dies ist vor allem zur Vorbereitung besonders erheblicher Hauptversammlungsentscheidungen der Fall, §§ 293g, 319 Abs. 3 Satz 5, 320 Abs. 1 Satz 3, 337 Abs. 4 AktG, §§ 64 Abs. 2, 125 UmwG. Diese Ansprüche konkretisieren und erweitern das allgemeine Informationsrecht nach

---

[208] *Eckhardt*, in: Geßler/Hefermehl, § 131 Rdnr. 46; *Zöllner*, in: Kölner Komm., § 131 Rdnr. 18 f.; *Grunewald*, GesR, 2. C. Rdnr. 138.

§ 131 AktG[209]. Wie jene Norm dienen aber auch sie der Beurteilung von Hauptversammlungs-Tagesordnungspunkten, bestehen nur innerhalb der Hauptversammlung und sind ihrer Ausgestaltung nach ungeeignet, Grundlage einer Due Diligence zu sein.

Grundlage einer Due Diligence kann jedoch der im ersten Teil erwähnte Anspruch eines verbleiben Großaktionärs auf Gleichbehandlung sein, § 53a AktG[210]. Denn ist einem Großaktionär durch den Vorstand der Gesellschaft eine Due Diligence gestattet worden, so muss dies *unter gleichen Voraussetzungen* auch für einen anderen Großaktionär gelten. Dieser Anspruch ist aber nach seinem Sinn und Zweck erst dann gegeben, wenn „der Stein einmal ins Rollen gebracht worden ist", indem der Vorstand zumindest einmal eine Due Diligence in einem vergleichbaren Fall zugelassen hat. Einen allgemeinen Anspruch auf Due Diligence gewährt § 53a AktG gerade nicht.

### 3. Recht auf Abschriften (Jahresabschluss, Lagebericht)

Ferner hat der Aktionär in einigen Fällen das Recht auf Aushändigung von Abschriften von entscheidungsrelevanten Papieren. Besonders erwähnt sei hier § 175 Abs. 2 Satz 2 AktG, nach dem ein Anspruch auf die Aushändigung einer Abschrift von Jahresabschluss und Lagebericht der Gesellschaft besteht. Sie sind dem Aktionär im Rahmen der Berichtspflicht des Vorstandes nach § 175 Abs. 2 Satz 1 AktG zu gewähren[211]. Auch dieser Anspruch hat jedoch für die Due Diligence keine Relevanz. Denn die Informationen sind erstens nicht weitgehend genug, um die Zielgesellschaft in einer der Due Diligence vergleichbaren Weise analysieren zu können. Und zweitens handelt es sich bei diesen Informationen um öffentliche Daten, die ein Erwerbsinteressent auch ohne Probleme vom für die Zielgesellschaft zuständigen Handelsregister erhalten könnte, § 9 HGB, denn

---

209 *BGHZ* 119, 1 (16); *Hüffer*, § 319 Rdnr. 12; *Groß*, AG 1997, 97 (107).

210 Vgl. oben: Teil 1, B II 2 c), dort v. a. cc)

211 Bei der eigentlichen Berichtspflicht nach Satz 1 handelt es sich um ein „kollektives Informationsrecht", s. dazu oben 1, lediglich Satz 2 gewährt ein subjektives Recht des Aktionärs.

Jahresabschluss und Lagebericht sind zum Handelsregister einzureichen, § 325 HGB.

Bei der Due Diligence geht es aber gerade auch um Informationen, die der Öffentlichkeit nicht zugänglich sind. Aus diesem Grunde kann der Informationsanspruch des Aktionärs aus § 175 Abs. 2 AktG ebenfalls keinen Anspruch auf Due Diligence begründen.

### III. Zusammenfassung

Die aktienrechtlichen Informationsrechte unterteilen sich in kollektive und individuelle Informationsrechte. Die kollektiven Informationsrechte – ausgestaltet als Berichtspflichten der Organe – können schon ihrer Struktur nach keinen Anspruch des einzelnen Aktionärs auf bestimmte Informationen bieten, da sie nie den einzelnen, sondern immer nur das Kollektiv berechtigen.

Subjektive Rechte sind lediglich die individuellen Informationsrechte des AktG, allen voran § 131 AktG. Sie gewähren zwar dem einzelnen Aktionär einen Anspruch. Sowohl auf Grund ihrer Funktion als auch angesichts der nicht ausreichenden Informationsdichte sind sie aber nicht geeignet, eine tragfähige Grundlage für einen etwaigen Anspruch eines Paketaktionärs gegen seine Gesellschaft darauf zu begründen, einem Erwerbsinteressenten eine Due Diligence zu gestatten.

## C. Übergesetzlicher Informationsanspruch?

Wenn die rechtswissenschaftliche Literatur zur Frage eines Informationsanspruchs zum Zwecke der Due Diligence Stellung nimmt, macht sie ihre verneinende Auffassung lediglich an den nicht ausreichenden gesetzlichen Informationsrechten des Aktionärs fest. An dieser Stelle bedarf es aber einer Fortsetzung der Untersuchung, denn es könnte auch ein ungeschriebener Anspruch des Aktionärs denkbar sein.

Die Erörterung dieser Problematik soll sich dabei im Wesentlichen an den folgenden Fragen orientieren:

- Auf welchen rechtlichen Grundlagen könnte ein derartiger ungeschriebener Informationsanspruch des Aktionärs basieren?[212]
- Besteht ein Informationsbedürfnis eines Paketaktionärs, welches in der konkreten Situation eine Informationsoffenbarung zum Zwecke der Due Diligence rechtfertigt, gleichzeitig aber anderen Aktionären ein solches Recht verwehrt?[213]
- Wenn ein ungeschriebener Anspruch hergeleitet werden kann: Welche Faktoren – abgesehen vom Informationsbedürfnis – schränken einen solchen Anspruch wiederum ein?[214]

Wenn die Herleitung eines derartigen Anspruchs gelingt, soll im Anschluss der Versuch einer Bildung von Fallgruppen gemacht werden, welche die praktische Anwendbarkeit des theoretischen „Produkts" gewährleisten sollen[215].

## I. Rechtliche Grundlage eines ungeschriebenen Informationsanspruchs

Zur rechtlichen Grundlage eines ungeschriebenen Informationsanspruchs sollen hier drei Ansätze erörtert werden. Zum einen fragt sich, ob und inwieweit das mitgliedschaftliche Informationsrecht als solches nicht schon als ein allgemeines verbandsrechtliches Prinzip einzuordnen ist. Weiter bedarf es der Untersuchung, inwieweit im Aktienrecht bereits heute ungeschriebene Informationsrechte bejaht werden und ob sich diese Ansätze auf einen möglichen Anspruch auf Due Diligence übertragen lassen. Schließlich soll noch einem grundrechtlichen Ansatz nachgegangen werden. Der Informationsanspruch des Aktionärs könnte nämlich auch unmittelbar im Anteilseigentum verankert sein.

---

[212] Dazu nachfolgend I.
[213] Dazu nachfolgend II.
[214] Dazu nachfolgend III.
[215] Dazu nachfolgend IV.

### 1. Informationsrecht als allgemeines verbandsrechtliches Prinzip

Informationsrechte, verstanden als Sammelbegriffe für Auskunfts- und Einsichtsrechte, sind in Personengesellschaften (GbR, OHG, KG) und Kapitalgesellschaften (GmbH, AG[216]) unterschiedlich stark ausgeprägt.

Die Intensität des jeweiligen Informationsrechts bestimmt sich im Wesentlichen anhand von zwei Aspekten. Zum einen bedarf ein unbeschränkt haftendes Verbandsmitglied sehr umfangreicher Informationen, um etwaige Risiken persönlicher Haftung kalkulieren zu können und diese im Idealfall durch „kluge" unternehmerische Entscheidungen schon präventiv vermeiden zu können. Demgemäß haben die unbeschränkt haftenden Gesellschafter der GbR und der OHG sowie die Komplementäre der KG über § 716 BGB und § 118 HGB grundsätzlich die Möglichkeit, durch Einsichtnahme in die Bücher und Unterlagen der Gesellschaft alle Informationen über die Gesellschaft zu erhalten, welche sie für nötig erachten. Dieser Gesichtspunkt hat jahrzehntelang die Informationsrechte im Gesellschaftsrecht bestimmt und damit eine Trennlinie zwischen Personengesellschaften und Kapitalgesellschaften gezogen.

Mit der GmbH-Novelle 1980[217] setzte sich aber ein weiterer Aspekt durch, der ein Informationsrecht des Verbandsmitglieds rechtfertigt: sein unternehmerisches Interesse an der gemeinsamen Zweckverfolgung in der Gesellschaft. Um den *GmbH-Gesellschafter* in die Lage zu versetzen, seine Mitgliedschaftsrechte[218] umfassend ausüben zu können, bietet § 51a GmbHG die Möglichkeit, jederzeit Auskunft über Angelegenheiten der Gesellschaft zu verlangen und Einsicht in die Bücher zu nehmen. Nur der – im „Idealfall" des Kleinaktionärs – rein kapitalistisch interessierte *Aktionär* soll mit dem Auskunftsrecht in § 131 AktG ausreichend bedient sein, denn dieser Anspruch genügt grundsätzlich[219], um die Mitverwaltungsrechte in der Hauptversammlung ordnungsgemäß ausüben zu können.

---

[216] Auf die KGaA soll hier nicht näher eingegangen werden. Für diese gelten aber wegen § 278 Abs. 3 AktG ohnehin die Regeln über die AG weitestgehend entsprechend.

[217] BGBl. I, S. 836.

[218] Dass die Vorschrift nur der Unterstützung *mitgliedschaftlicher* Rechte dient, ergibt sich aus § 51a Abs. 2 GmbHG, der eine Verwendung zu gesellschaftsfremden Zwecken verbietet.

[219] Zu den anerkannten Ausnahmen sogleich unten: C I 2.

Auch wenn die Informationsrechte von GmbH-Gesellschaftern und persönlich haftenden Gesellschaftern von Personengesellschaften durch die zuvor genannten Leitmotive geprägt sind, so sind sie doch nicht auf diese beschränkt. Die Informationsansprüche sind vielmehr umfassend und finden ihre Grenze erst dort, wo eine Verwendung der Informationen entgegen den Gesellschaftsinteressen droht. Ein Missbrauch verstieße gegen die Treuepflicht der Mitglieder gegenüber ihrer Gesellschaft. Innerhalb dieser Grenzen sind die Verbandsmitglieder aber insbesondere nicht darauf beschränkt, die Informationen rein fremdnützig – vor allem zur Mitverwaltung – zu nutzen. Auch eine eigennützige Verwendung ist von den umfassenden Informationsansprüchen gedeckt, solange sie der Ausübung eines mitgliedschaftlichen Rechtes dient[220].

Da auch der Kommanditist einer KG in einigen Fällen ähnliche Informationsbedürfnisse wie ein GmbH-Gesellschafter hat, hat sich nach 1980 die Ansicht durchgesetzt, ihm Einsichts- und Auskunftsrechte nicht nur innerhalb der engen Grenzen des § 166 Abs. 1 HGB zu gewähren. Der Umfang eines umfassenderen Informationsrechts ist zwar umstritten und auch die Frage, ob dies über eine extensive Auslegung des Gesetzes oder im Wege einer Rechtsfortbildung zu erreichen sei. Dass der Wortlaut des Gesetzes dem tatsächlichen Informationsbedürfnis des Kommanditisten aber nicht gerecht wird und dies zu korrigieren ist, ist allerdings heute weitgehend unumstritten[221].

Aus den vorstehenden Darlegungen lässt sich die Annahme ableiten, dass bezogen auf das Informationsrecht eines Verbandsmitglieds dem Verbandsrecht ein allgemeiner Grundsatz zugrunde liegt, nämlich dass ein Verbandsmitglied einen Anspruch auf all jene Informationen haben soll, die es zur Ausübung seiner mitgliedschaftlichen Rechte benötigt. Wenn in der rechtswissenschaftlichen Literatur davon gesprochen wird, dass Informationsrechte als Hilfsrechte zum Mit-

---

[220] Für die GbR: *Ulmer*, in: MüKo BGB, § 716 Rdnr. 4; für die OHG/KG: *Martens*, in: Schlegelberger, § 118 Rdnr. 8; für die GmbH: *Lutter/Hommelhoff*, § 51a Rdnr. 1 und 6; *Grunewald*, ZHR 146 (1982), 211 (217), jeweils mwN.

[221] *Grunewald*, GesR, C. 1. C. Rdnr. 25 f.; *K. Schmidt*, Informationsrechte, S. 69 ff.; *Wiedemann*, S. 375 ff., jeweils mwN zum gesamten Streitstand.

gliedschaftsrecht zu verstehen sind[222], wird dieser Ansatz im Grunde bestätigt, auch wenn es – soweit ersichtlich – bisher noch nicht zu einer solchen Akzentuierung wie vorliegend gekommen ist.

Bei der AG hat der Gesetzgeber diesem Prinzip, wie schon zuvor angeführt, im Wesentlichen durch § 131 AktG Rechnung zu tragen versucht. Das ist ihm für den Idealtypus des Aktionärs auch gelungen, denn der rein kapitalistisch interessierte Aktionär benötigt in der Regel nur für die Ausübung seiner Mitverwaltungsrechte in der Hauptversammlung besondere Informationen und ansonsten nicht. Mit der Beschränkung auf – im Wesentlichen – § 131 AktG wurde daneben auch dem Bedürfnis Rechnung getragen, der großen Zahl von Gesellschaftern, die eine AG regelmäßig hat, die notwendige Gleichbehandlung zuteil werden zu lassen, wie sie auch in § 53a AktG niedergelegt ist.

Durch die vom Gesetzgeber vorgenommene pauschale Reduzierung des allgemeinen Informationsrechts des Verbandsmitglieds auf den aktienrechtlichen Regelfall des Hauptversammlungs-Auskunftsrechts verbleiben aber dort Regelungslücken, wo der Aktionär im Einzelfall ein besonderes Informationsbedürfnis hat, um eines seiner anderen mitgliedschaftlichen Rechte wirkungsvoll ausüben zu können.

Zur Schließung der vom Gesetzgeber gelassenen Regelungslücke muss in solchen Fällen auf das soeben hergeleitete allgemeine verbandsrechtliche Prinzip zurückgegriffen werden, dass das Verbandsmitglied einen Anspruch auf diejenigen Informationen hat, die es zur wirksamen Ausübung seiner mitgliedschaftlichen Rechte benötigt.

## 2. Trend zur Ausweitung des aktienrechtlichen Informationsrechts

Wie bereits angeführt ist das allgemeine verbandsrechtliche Informationsrecht in der Aktiengesellschaft im Wesentlichen auf § 131 AktG beschränkt. Diese Be-

---

222 *K. Schmidt*, Informationsrechte, S. 23.

schränkung hat jedoch durch neuere Entwicklungen in der Judikatur sowie in darauf folgenden Reaktionen in der Literatur bereits eine Aufweichung erfahren, welche in dieselbe Richtung weist wie die soeben gemachten Ausführungen allgemeiner verbandsrechtlicher Natur.

### a) Auskunftsanspruch und Stimmrecht

Die Rechtsprechung hat die gesetzlich normierten Informationsrechte des Aktionärs in den letzten Jahren zunehmend nicht mehr als abschließend betrachtet.

So hat der *BGH* mit seiner *Hoesch/Hoogovens*-Entscheidung[223] einen Informationsanspruch der Aktionäre auf Einsicht in einen Verpflichtungsvertrag betreffend die Übertragung des gesamten Gesellschaftsvermögens bejaht, obwohl die Aktionäre lediglich ihre Zustimmung zu dem Übertragungs- und Einbringungsvertrag geben sollten. Die beiden Verträge hätten nämlich eine Einheit im Sinne des § 139 BGB gebildet, so dass eine sachgerechte Abstimmung in der Hauptversammlung nur bei Vorlage beider Verträge möglich gewesen sei[224].

Auch die *Holzmüller*-Entscheidung[225] führte indirekt zu einer Ausweitung der Informationsrechte. Nach Ansicht des *BGH* haben die Aktionäre einer Muttergesellschaft einen Anspruch darauf, bei grundlegenden, für ihre Rechtsstellung bedeutsamen Entscheidungen in der Tochtergesellschaft über die Hauptversammlung der Muttergesellschaft so beteiligt zu werden, wie wenn es um eine Angelegenheit der Muttergesellschaft selbst ginge[226]. Da die Angelegenheiten der Tochtergesellschaft in diesen Fällen also wie Angelegenheiten der Muttergesellschaft behandelt werden, müssen sie auch Informationsrechte, etwa aus § 186 Abs. 4 Satz 2 AktG oder § 179 Abs. 2 Satz 1-4 AktG nach sich ziehen[227].

---

223 *BGHZ* 82, 188 ff.
224 *BGHZ* 82, 188 (196 ff.)
225 *BGHZ* 83, 122 ff.
226 *BGHZ* 83, 122 (140).

Diese Sichtweise hat der *BGH* in der *Altana/Milupa*-Entscheidung im Januar 2001[228] bestätigt, in der er explizit die Berichtspflicht des Vorstandes – also eines kollektiven Informationsrechts – ausgeweitet hat. Legt danach der Vorstand nach § 119 Abs. 2 AktG eine Angelegenheit der Geschäftsführung der Hauptversammlung zur Entscheidung vor, so muss er den Aktionären auch die erforderlichen Informationen für diese Entscheidung zur Verfügung stellen[229]. Handelt es sich bei dieser wesentlichen Entscheidung um die Zustimmung einer Muttergesellschaft zur Veräußerung des gesamten Gesellschaftsvermögens einer Tochtergesellschaft, so müsse nach dem Rechtsgedanken des § 179a AktG auch den Aktionären der Muttergesellschaft Einblick in den gesamten zugrunde liegenden Unternehmenskaufvertrag gewährt werden.

Anknüpfungspunkt für die so erweiterten kollektiven Informationsrechte ist das Stimmrecht des Aktionärs[230]. Um dieses effektiv ausüben zu können, ist offensichtlich eine umfangreichere Informationsversorgung als gesetzlich vorgesehen notwendig.

Auch bei den individuellen Informationsrechten lassen sich teilweise Tendenzen zu einer „Aufweichung" erkennen. So sind Versuche gemacht worden, das Auskunftsrecht in § 131 AktG in einen allgemeinen Rechenschaftsanspruch des Aktionärs zu erweitern. Argumentiert wurde etwa durch das *Kammergericht* mit der Notwendigkeit, dass für den Tagesordnungspunkt „Verwendung des Bilanzgewinns" eine Auskunft über Beteiligungen notwendig sein könne[231]. Zuzugeben ist, dass diese ein „allgemeines Auskunftsrecht" in der Hauptversammlung bejahende Rechtsprechung heftige Kritik erfahren hat[232]. Diskussionspunkt soll vorliegend jedoch ohnehin nicht die Frage sein, ob dem Aktionär in der Hauptversammlung aus § 131 AktG ein „allgemeines Auskunftsrecht" zusteht.

---

227 So auch: *Groß*, AG 1997, 97 (103); *Henze*, BB 2002, 893 (895); in diesem Zusammenhang explizit von einem Informationsrecht qua Stimmrecht ausgehend: *OLG München*, AG 1996, 327 (327).

228 *BGH*, NZG 2001, 405 ff.; zustimmend *Schockenhoff*, NZG 2001, 921 ff.

229 *BGH* aaO, diesen Ansatz verfolgen auch *OLG München*, AG 1995, 232 (233); *Hüffer*, § 124 Rdnr. 11; *Groß*, AG 1996, 111 (115).

230 So auch: *OLG München*, AG 1996, 327 (327); kritisch: *Groß*, AG 1997, 97 (101).

231 *KG*, AG 1996, 131 (132).

Interessant ist vielmehr der Begründungsansatz, der den verschiedenen Urteilen zugrunde liegt und der auch in den kritischen Literaturstimmen indirekt aufgegriffen wird. Ein über die gesetzlichen Informationsrechte hinausgehender Informationsanspruch wird nämlich immer dann für zulässig gehalten, wenn sich zum einen als Anknüpfungspunkt für ein solches Informationsrecht ein Mitgliedschaftsrecht anführen lässt und zum anderen ein Informationsbedürfnis hergeleitet werden kann. Genau genommen streiten die unterschiedlichen Ansätze über die Ausdehnung der Informationsrechte nämlich über die Frage, ob zur Ausübung des Mitgliedschaftsrechts „Stimmrecht" ein so großes Informationsbedürfnis[233] besteht, dass es mit den Mitteln der bestehenden gesetzlichen Informationsrechte nicht befriedigt werden kann.

Dieser Gedankengang lässt sich auch schon in allgemeinerer Form in der Regierungsbegründung zum Aktiengesetz finden. Dort heißt es:

> „Der Aktionär kann von seinen Mitgliedschaftsrechten nur dann einen sinnvollen Gebrauch machen, wenn er die Umstände kennt, die für die Ausübung der Rechte wesentlich sind"[234].

Informationsrechte sind also Hilfsrechte zum Mitgliedschaftsrecht[235]. Sie sind nach den Entwicklungen in der neueren Rechtsprechung über das gesetzlich Normierte hinaus immer auch dann gegeben, wenn sich ein Mitgliedschaftsrecht ohne sie nicht sinnvoll ausüben lässt.

### b) Auskunftsanspruch und Veräußerungsfreiheit?

Die Diskussionen zur Erweiterung der Informationsrechte des Aktionärs drehen sich im Wesentlichen um die Ausübung des Stimmrechts des Aktionärs. Die Aktie vermittelt aber nicht nur die Mitgliedschaft im Verband, sondern in ihr ist auch der

---

232 Vgl. nur *Hüffer*, ZIP 1996, 401 (403 f.); *Groß*, AG 1997, 97 (101).
233 Auf diesen Aspekt stellt auch *K. Schmidt*, GesR, § 21 III 1 a) ab.
234 RegBegr bei: *Kropff*, S. 184; so auch: *K. Schmidt*, Informationsrechte, S. 23.
235 *K. Schmidt*, Informationsrechte, S. 23.

Anteil des Aktionärs an der Aktiengesellschaft, also seine Beteiligungsquote, verkörpert[236]. Es stellt sich also die Frage, ob die Auffassungen zum Stimmrecht des Aktionärs, dass im Falle des Bestehens eines entsprechenden Informationsbedürfnisses die gesetzlichen Informationsrechte ausnahmsweise nicht abschließend sind, auf die vermögensrechtlichen Interessen des Aktionärs, insbesondere die Freiheit zur Veräußerung des Anteils, übertragbar sind.

Die Due Diligence vor dem Share Deal dient der Vorbereitung der Veräußerung der Beteiligung an einer Aktiengesellschaft. Die Anteilsveräußerung ist ein Vorgang, der vom geltenden Recht – abgesehen vom Fall zulässiger Vinkulierung – unbeschränkt garantiert wird[237]. Daher ist die Einschränkung der Verkehrsfähigkeit bei Inhaberaktien unzulässig[238]. *Lutter* bezeichnet dieses Prinzip gar als „fast heiligen Satz"[239].

Wenn dieses „Grundrecht des Aktionärs" auf Veräußerung seines Anteils aber so wichtig ist, dann muss es auch – genauso wie bei allen anderen Mitgliedschaftsrechten – grundsätzlich immer dann Informationsrechte als Hilfsrechte zur Seite gestellt bekommen, wenn ansonsten die Gefahr bestünde, dass sich das Veräußerungsrecht nicht sinnvoll verwirklichen ließe. Sonst käme es nämlich womöglich zu der vom Gesetz nicht gewollten Einschränkung der Verkehrsfähigkeit. Diesen Gedanken greift – allerdings in anderem Zusammenhang – auch das *BVerfG* auf, wenn es richtigerweise argumentiert, dass die Dispositionsfreiheit über die Aktie leer liefe, wenn sich der Aktionär kein Bild über die Gesellschaft machen könne[240].

Die Gefahr, dass die Veräußerungsfreiheit durch fehlende Due-Diligence-Informationen stark beschränkt würde, ist aber gerade bei Paketverkäufen nicht rein hypothetischer Natur sondern oftmals sehr real, vor allem wenn man sich vor

---

[236] *BVerfG*, WM 1999, 2160 (2161); *Hüffer*, § 1 Rdnr. 13; ähnlich: *Wiedemann*, S. 700 ff.
[237] *BayObLGZ* 1988, 371 (377); *Hefermehl/Bungeroth*, in: Geßler/Hefermehl, § 68 Rdnr. 67ff.; *Barz*, in: GroßKomm, § 68 Anm. 2; *Lutter*, ZHR 162 (1998), 164 (171).
[238] *Hüffer*, § 68 Rdnr. 10.
[239] *Lutter*, ZHR 162 (1998), 164 (171).
[240] *BVerfG*, WM 1999, 2160 (2161).

Augen führt, dass die Due Diligence heute zu einem Standard geworden ist, der auf dem (Welt-)Markt für Unternehmensanteile als selbstverständlich erwartet wird[241]. Auf diesen Aspekt soll im Rahmen des Gliederungspunktes „Informationsbedürfnis"[242] näher eingegangen werden.

An dieser Stelle lässt sich als Zwischenergebnis bereits festhalten, dass in Fortentwicklung der neueren Rechtsprechung zu Hauptversammlungs-Informationsrechten auch zur Vorbereitung einer Anteilsveräußerung immer dann ein Informationsanspruch des Aktionärs gegeben sein muss, wenn ein besonderes Informationsbedürfnis einen solchen Anspruch rechtfertigt.

### 3. Anteilseigentum als Quelle des Informationsrechts

Eine weitere Untermauerung eines umfassenderen Informationsanspruchs des Aktionärs soll aus grundrechtlicher Perspektive versucht werden.

Das Anteilseigentum des Aktionärs ist durch Art. 14 GG geschützt[243]. Ginge man hypothetisch davon aus, dass es das AktG noch nicht gäbe, so stünden **alle** Informationen bezüglich des Eigentumsgegenstands Aktiengesellschaft *a priori* dem Aktionär als dem (Mit-)Eigentümer der Gesellschaft zu. Deswegen fällt der Informationsanspruch in den originären Schutzbereich des Grundrechts Art. 14 GG.

Dadurch, dass dieser „globale Informationsanspruch" des Eigentümers der Gesellschaft für den Fall der Aktiengesellschaft einfachgesetzlich auf die Informationsrechte des AktG, allen voran § 131 AktG, reduziert worden ist, hat der – bei der Aktienrechtsnovelle 1965[244] grundrechtsgebundene – Gesetzgeber von seinem Recht Gebrauch gemacht, Inhalt und Schranken des Eigentums gemäß

---

241 So auch *Kiethe*, NZG 1999, 976 (979); *Körber*, NZG 2002, 263 (264) sieht die Due Diligence als „in den USA ... gang und gäbe" und „in Deutschland ... klar auf dem Vormarsch".
242 Vgl. C II unten, dort v. a.: 1 a).
243 *BVerfG*, WM 1999, 2160 (2161); *Schmidt-Bleibtreu*, in: Schmidt-Bleibtreu/Klein, Art. 14 Rdnr. 3e.
244 BGBl. I, S. 1089.

Art. 14 Abs. 1 Satz 2 GG zu bestimmen. Diese Inhalts- und Schrankenbestimmung muss aber ihrerseits wieder einer verfassungsrechtlichen Überprüfung standhalten, insbesondere also verhältnismäßig sein.

Der Einschränkung des individuellen Auskunftsrechts des Aktionärs auf die Hauptversammlung liegt die Motivation des Gesetzgebers zugrunde, dass nur eine Information in der Hauptversammlung eine gleichmäßige Information aller Aktionäre gewährleiste[245]. Dabei handelt es sich grundsätzlich um einen sachgerechten Beweggrund, der in Art. 3 Abs. 1 GG eine verfassungsrechtliche Stütze findet[246] und auch in § 53a AktG zum Ausdruck kommt.

Allerdings erfüllt der Aspekt der Gleichbehandlung keinen Selbstzweck. Art. 3 Abs. 1 GG verlangt nämlich nur die Gleichbehandlung von wesentlich Gleichem, verbietet folglich jedoch die Gleichbehandlung von wesentlich Ungleichem[247]. Dem folgend gebietet auch § 53a AktG nur die Gleichbehandlung der Aktionäre **unter gleichen Voraussetzungen**.

Großaktionäre und Kleinaktionäre sind keine gleichen Gruppen. Dennoch behandelt der Gesetzgeber sie mit § 131 AktG gleich. Diese Gleichbehandlung nach Köpfen[248] ist grundsätzlich sachlich gerechtfertigt, da zur Ausübung des Stimmrechts in der Hauptversammlung jeder Aktionär – unabhängig von der Anzahl seiner Aktien – gleichen Zugang zu denselben Informationen haben muss. Geht es aber nicht um das Stimmrecht in der Hauptversammlung, so kann die unterschiedliche Interessenlage von Großaktionär und Kleinaktionär sehr wohl eine Ungleichbehandlung in Form eines unterschiedlichen Informationsanspruchs rechtfertigen[249] – insbesondere dann, wenn der Paketaktionär ein besonderes Informationsbedürfnis hat, etwa auf Grund der Gefährdung seiner Veräußerungs-

---

245 RegBegr bei: *Kropff*, S. 187

246 *BVerfG*, WM 1999, 2160 (2161).

247 *BVerfGE* 49, 148 (165); 86, 81 (87); *Dürig*, in: Maunz/Dürig, Art. 3 Rdnr. 321; *Pieroth/Schlink*, GrundR, Rdnr. 479.

248 *Hefermehl*, in: Geßler/Hefermehl, § 53a Rdnr. 10; *Lutter/Zöllner*, in: Kölner Komm., § 53a Rdnr. 23.

freiheit[250]. Die Inhalts- und Schrankenbestimmung § 131 AktG ist in diesem Fall dann verfassungskonform in der Form auszulegen, dass sie nicht abschließend alle Informationsrechte des Aktionärs erfasst. Außerhalb dieser Bestimmung bleibt daher bei Vorliegen eines besonderen Informationsbedürfnisses Raum für die Bejahung eines unmittelbar im Anteilseigentum wurzelnden Informationsanspruchs.

Deswegen ist mit den gerade vorgenommenen Erwägungen festzuhalten, dass der Gesetzgeber mit Blick auf Mitverwaltungsrechte zwar Inhalt und Schranken des Eigentums grundsätzlich rechtmäßig bestimmt hat, indem er Normen wie § 131 AktG geschaffen hat. Für den Fall, dass ohne Informationen das Vermögensrecht „Veräußerungsfreiheit" nicht mehr gewährleistet ist, hat er jedoch Inhalt und Schranken des Eigentums verfassungswidrig beschränkt, denn dann gebietet der Gleichbehandlungsgrundsatz eine Ungleichbehandlung von Paketaktionären und Kleinaktionären. Daher muss für diesen Fall dem Großaktionär im Wege der verfassungskonformen Rechtsfortbildung ein unmittelbar im Anteilseigentum verankerter Informationsanspruch zugestanden werden.

### 4. Zwischenergebnis

Aus den dargelegten Gründen sind die bisherigen gesetzlichen Informationsrechte also nicht als abschließend anzusehen. Vielmehr ist ein ungeschriebenes Informationsrecht grundsätzlich immer dann gegeben, wenn es dafür einen sachlichen Grund in Form eines besonderen Informationsbedürfnisses des Aktionärs gibt. Der Informationsanspruch findet seinen Rechtsgrund vor allem in einem allgemeinen Prinzip des Verbandsrechts. Er lässt sich jedoch ebenfalls aus neueren Tendenzen der aktienrechtlichen Judikatur fortentwickeln und ist letztlich auch unmittelbar im Anteilseigentum des Aktionärs begründet.

---

[249] Zu der – in dieser Untersuchung verneinten – Frage, ob eine Offenbarung außerhalb der Hauptversammlung *immer* einen Anspruch der anderen Aktionäre nach § 131 Abs. 4 AktG nach sich zieht, siehe: F unten.

[250] Zum Informationsbedürfnis ausführlich: C II unten.

Diesem Ansatz scheint der Gesetzgeber nunmehr in einem isolierten Teilbereich des Aktiengesetzes gefolgt zu sein, indem er mit den Regelungen zum Squeeze-Out (§§ 327a ff. AktG[251]) die Vorschrift des § 327b Abs. 1 Satz 2 AktG eingeführt hat. Der Hauptaktionär, der einen Squeeze-Out betreibt, ist gemäß §§ 327a Abs. 1, 327b Abs. 1 Satz 1 AktG verpflichtet, den Minderheitsaktionären eine Barabfindung zu bieten, welche die Verhältnisse der Gesellschaft im Zeitpunkt der Beschlussfassung ihrer Hauptversammlung wiederspiegelt. Diesen angemessenen Wert hat er selbst festzulegen, § 327b Abs. 1 Satz 1 AktG. Um ihn zu ermitteln, hat der Hauptaktionär gemäß § 327b Abs. 1 Satz 2 AktG einen Anspruch gegen die Gesellschaft[252], alle dafür nötigen Unterlagen zur Verfügung gestellt und Auskünfte erteilt zu bekommen[253].

Auch wenn die Norm selbst wegen ihres speziellen Zuschnitts auf den Squeeze-Out nicht analogiefähig ist, so spiegelt sie dennoch den hier vertretenen Ansatz wieder, dass jeder Aktionär von der Gesellschaft die Informationen erhalten muss, die er zur effektiven Ausübung seiner mitgliedschaftlichen Rechte (im Fall des § 327b Abs. 1 Satz 2 AktG des Rechts auf Squeeze-Out) benötigt[254].

## II. Informationsbedürfnis

Die vorstehenden Erörterungen haben ergeben, dass der übergesetzliche Informationsanspruch des Aktionärs – hier auf Informationen zum Zwecke der Due Diligence – nur dann zum Tragen kommen kann, wenn ein besonderes Informationsbedürfnis einen solchen Anspruch ausnahmsweise rechtfertigt. Denn ohne ein besonderes Informationsbedürfnis bestünde keine allgemeinen gesellschaftsrechtlichen Prinzipien widersprechende Regelungslücke im AktG. Auch gäbe es kein Bedürfnis, die Gedanken zur Ausdehnung von Informationsrechten, die das

[251] Eingeführt durch Artikel 7 WpÜG.
[252] *Grunewald*, ZIP 2002, 18 (19), weist zu Recht darauf hin, dass die Vorschrift so zu verstehen ist, dass Anspruchsgegner die Gesellschaft selbst ist, für die der Vorstand lediglich organschaftlich tätig wird. Das entspricht auch der allgemeinen Ansicht zu § 131 AktG, vgl. nur *Hüffer*, § 131 Rdnr. 5.
[253] Vgl. dazu auch BT-Drucks. 14/7034, S. 72.
[254] Insofern hat die Vorschrift des § 327b Abs. 1 Satz 2 AktG mit der hier vertretenen Ansicht auch nur deklaratorischen Charakter.

Hauptversammlungsstimmrecht stützen, auf die Veräußerungsfreiheit zu übertragen. Ferner wäre die durch das AktG getroffene Inhalts- und Schrankenbestimmung des Eigentumsrechts des Aktionärs verhältnismäßig und damit verfassungsgemäß.

### 1. These: Gefahr der „faktischen Vinkulierung"

Das Informationsbedürfnis eines unternehmerisch beteiligten Großaktionärs könnte sich daraus ergeben, dass ohne die im Rahmen der Due Diligence benötigten Informationen die Verkehrsfähigkeit seines Anteils in unzumutbarem Maße eingeschränkt wäre. Im Folgenden soll darauf näher eingegangen werden.

#### a) Marktüblichkeit der Due Diligence

Im internationalen Markt für Unternehmensbeteiligungen gehört das Instrument der Due Diligence heute zum Standardrepertoire und wird als selbstverständlich erwartet[255]. Das liegt vor allem an den nachfolgenden Kriterien.

##### aa) Zweck der Due Diligence

Wie schon in der Einleitung dargelegt lässt sich erst durch die Durchführung einer Due Diligence das Risiko eines Beteiligungserwerbs zuverlässig abschätzen, so dass anschließend der Unternehmenskaufvertrag und der Kaufpreis interessengerecht gestaltet werden können.

Notwendig wird die Due Diligence, wenn der zu veräußernden Beteiligung ein unternehmerisches Moment anhaftet. Denn dann stellt das Paket nicht nur die Summe aller einzelnen Aktien dar, sondern verkörpert ein „Mehr", das zur Kaufpreisfindung einer Bewertung und zur Gestaltung des vertraglichen Gewährleistungsregimes einer Risikoabschätzung bedarf. Beides lässt sich nur mit einer Due

---

[255] *Kiethe*, NZG 1999, 976 (979); *Körber*, NZG 2002, 263 (264) sieht die Due Diligence als „in den USA ... gang und gäbe" und „in Deutschland ... klar auf dem Vormarsch".

Diligence bewerkstelligen. Wird diese nicht durchgeführt, so wird sich heutzutage nahezu kein Erwerbsinteressent mehr für den Kauf eines Aktienpakets entscheiden.

Ein wesentlicher Faktor, der den unternehmerische Charakter einer Beteiligung ausmacht, ist insbesondere die Größe der zu veräußernden Beteiligung[256]. Diese spielt vor allem dann eine Rolle, wenn auf Grund einer bestimmten Beteiligungsquote (Minderheits-)Rechte in der Gesellschaft ausgeübt werden können. Weitere Aspekte zur Qualifizierung des Pakets als „unternehmerisch" können sein, dass mit ihm ein Aufsichtsratsmandat verbunden ist oder besondere vertragliche Beziehungen zur Gesellschaft bestehen (Liefer-, Abnahme-, Service-, Lizenzverträge usw.), die in der Praxis regelmäßig bei Veräußerung der Beteiligung auf den jeweiligen Erwerber übertragen werden und von denen oft ein sehr großer Anteil des Umsatzes der Gesellschaft abhängt.

Doch nicht nur aus Sicht des Großaktionärs, sondern auch aus Sicht der Gesellschaft haben größere Aktienpakete häufig einen unternehmerischen Charakter. So bieten sie je nach ihrer Größe einen gewissen Schutz gegen feindliche Übernahmen, da eine Aktiengesellschaft mit signifikanter Beteiligung eines Großaktionärs für einen prospektiven feindlichen Übernehmer deutlich an Attraktivität verliert. Außerdem besteht die Möglichkeit, dass in einer „Übernahmeschlacht" ein Großaktionär leichter als *White Knight*[257] gewonnen werden kann. Ferner kann der Vorstand bei Paketaktionären das Verhalten in der Hauptversammlung eher absehen. Das beginnt schon damit, dass ein Investor mit 5 % des Grundkapitals nach § 122 Abs. 2 AktG einen Beschlussgegenstand auf die Tagesordnung der Hauptversammlung setzen lassen kann, und wird noch deutlicher bei Vorliegen einer Sperrminorität oder gar einer einfachen oder qualifizierten Mehrheit. Auch die Art und Weise der Kontrollausübung im Aufsichtsrat lässt sich besser kalkulieren, wenn die Geschäftsführung weiß, welche Ziele von einem im Kontrollgremium vertretenen Großaktionär verfolgt werden. In diesem Sinne wird der Vorstand – und dadurch die Gesellschaft – seine Unternehmenspolitik schon zur Vermei-

---

[256] Vgl. dazu detailliert den Versuch einer Fallgruppenbildung unter: C IV unten.
[257] Ein anderer, der Gesellschaft genehmerer Übernehmer, vgl. dazu *Picot*, U&R, Teil I, Rdnr. 2.

dung von Konflikten mit dem Großaktionär je nach Größe der Beteiligung mehr und mehr auf dessen unternehmerische Interessen ausrichten[258].

Schließlich ist auch noch zu bedenken, dass die Beteiligung eines Großaktionärs nicht selten zu einer geringeren Volatilität des Aktienkurses einer börsennotierten Gesellschaft führt, was der Ausrichtung einer Gesellschaft auf dauerhafte Rentabilität[259] und auf den Shareholder-Value-Gedanken[260] ebenfalls zugute kommt.

Sowohl aus Sicht des Großaktionärs als auch aus dem Blickwinkel der Gesellschaft können also einem Aktienpaket Faktoren anhaften, welche eine Qualifizierung des Pakets als „unternehmerische Beteiligung" rechtfertigen. Zur Bewertung eines solchen Pakets und zur angemessenen Verteilung von Risiken zwischen Verkäufer und Käufer bedarf es heutzutage essenziell des Instruments der Due Diligence. Kann diese nicht durchgeführt werden, droht ein Zustand, in dem die freie Veräußerbarkeit der Beteiligung nicht mehr gewährleistet ist.

### bb) „Pflicht" des Erwerbers zur Durchführung der Due Diligence

Hinzu kommt, dass der Vorstand einer möglichen Erwerber-**AG** Gefahr liefe, seine Pflicht zur gewissenhaften Unternehmensleitung aus §§ 76 Abs. 1, 93 Abs. 1 AktG zu verletzen und sich schadensersatzpflichtig nach § 93 Abs. 2 AktG zu machen, wenn er vor dem Erwerb einer Beteiligung keine Due Diligence verlangen würde[261]. Denn den strengen Anforderungen der Rechtsprechung an die Sorgfaltspflichten von Vorstandmitgliedern kann mit einem Verzicht auf eine Due Diligence kaum Genüge getan werden[262]. Für den Geschäftsführer einer Erwerber-**GmbH** dürfte angesichts der Regelungen in § 43 Abs. 1 und 2 GmbHG nichts

---

258 Als Beispiele lässt sich hier etwa Beteiligung der Deutsche Telekom AG an der T-Online International AG anführen.

259 *OLG Hamm*, AG 1995, 512 (514); *Mertens*, in: Kölner Komm., § 76 Rdnr. 5 ff.; *Hüffer*, § 76 Rdnr. 13.

260 *Hüffer*, § 76 Rdnr. 12; *Mülbert*, ZGR 1997, 129 (156 ff.).

261 *LG Hannover*, AG 1977, 198 (200); *Stoffels*, ZHR 165 (2001), 362 (368); *Kiethe*, NZG 1999, 976 (977), *Werner*, ZIP 2000, 990 (991).

262 *Stoffels*, ZHR 165 (2001), 362 (368); *Kiethe*, NZG 1999, 976 (977); *Werner*, ZIP 2000, 990 (991).

anderes gelten. Und auch im angloamerikanischen Rechtskreis verlangt die sogenannte *Business-Judgement-Rule* vom Leitungsorgan einer Körperschaft, dass dieses sich vor der endgültigen Fällung der Entscheidung zum Erwerb einer Beteiligung über das Erwerbsziel ausreichende Information im Wege einer Due Diligence verschafft[263]. Natürlich muss bei diesen Überlegungen berücksichtigt werden, dass weder in den USA bzw. England noch in Deutschland die Geschäftsleitung des Erwerbsinteressenten dazu verpflichtet sein kann, etwas Ungesetzliches zu verlangen. Nichtsdestotrotz wird sie den Erwerb einer signifikanten Beteiligung an einer deutschen AG entweder überhaupt nicht oder nur zu einem um einen deutlichen Unsicherheitsabschlag reduzierten Kaufpreis in Betracht ziehen, wenn ihr nicht vor Vertragsschluss die Due-Dilgence-Untersuchung gestattet wird.

#### cc) Zwischenergebnis

Ohne Due Diligence lässt sich eine signifikante Beteiligung an einer AG demnach heute kaum noch veräußern. Dadurch ist die Verkehrsfähigkeit des Aktienpakets eines Großaktionärs in erheblichem Maße eingeschränkt. Es besteht sogar die Gefahr einer „faktischen Vinkulierung“[264], wenn sich ohne Durchführung der Due Diligence überhaupt kein Käufer für das Aktienpaket findet.

### b) Anderweitige Möglichkeiten, die Mitgliedschaft zu beenden

Zur Stützung der These von der faktischen Vinkulierung sollen nachfolgend denkbare Alternativen zum Paketverkauf **mit** Due Diligence beleuchtet werden. Denn erst, wenn der Großaktionär die Mitgliedschaft in der AG nicht anders sinnvoll beenden kann, kann sich die Gefahr, in der Gesellschaft eingemauert zu werden, zu einem Informationsbedürfnis verdichten, das eine Due Diligence rechtfertigt.

---

263 *Werner*, ZIP 2000, 990 (991).

264 Dabei handelt es sich um ein Konzept, das mit Bezug auf den Erwerb von GmbH-Anteilen von *Götze*, ZGR 1999, 210 (211) aufgeworfen und von *Stoffels*, ZHR 165 (2001), 362 (368)

**aa) Bei börsennotierten Gesellschaften insbesondere: Börse**

Ein denkbarer Einwand gegen die aufgestellte These von der faktischen Vinkulierung könnte sein, dass der Großaktionär seine Aktien ja schließlich auch anderweitig verkaufen könnte, bei einer börsennotierten Gesellschaft insbesondere über die Börse. Dieser Einwand kann aber aus mehreren Gründen nicht gelten gelassen werden.

Zum einen liegt der Börsenkurs häufig unter dem rechnerischen Wert einer entsprechenden Quote am gesamten Unternehmenswert[265]. Und auch der unternehmerische Gesichtspunkt des Pakets wird im Börsenkurs nicht eingepreist sein, da er den Einzelwerten nicht anhaftet. Den Verkauf dessen, was den unternehmerischen Charakter der Beteiligung ausmacht, gewissermaßen also den *Good Will* der Beteiligung, kann der Großaktionär nur dann realisieren, wenn er das Paket als Ganzes veräußert, was nur außerhalb der Börse und mit Hilfe einer Due Diligence möglich ist. Wegen des unternehmerischen Charakters der Beteiligung, von dem ja wie dargelegt auch die Gesellschaft profitiert, hat er auch ein Recht, diesen Ertrag zu erzielen.

Ferner ist zu bedenken, dass die Veräußerung einer größeren Anzahl von Aktien über die Börse unweigerlich einen immensen Kurssturz nach sich ziehen wird.

> Dieses Szenario ist nicht nur theoretischer Natur, sondern ist in Deutschland beispielsweise am 6./7. August 2001 real geworden, als die Deutsche Bank 44.000.000 Aktien der Deutschen Telekom AG im Auftrag eines Großaktionärs auf den Markt geworfen hat. Das plötzliche Angebot von „nur" 1,46% aller Aktien der Gesellschaft hat zu einem Kurseinbruch um 20% und zu einer Vernichtung eines Börsenwertes von fast € 20.000.000.000,-- geführt[266].

---

kurz aufgegriffen worden ist, welches aber bisher in die Erwägungen zum Anteilserwerb bei der AG keinen Einzug gehalten hat.

[265] *Großfeld*, JZ 1981, 769 (770) bezeichnet diesen Umstand sogar als Regelfall. Ob sich diese These über 20 Jahre später noch halten lässt, ist jedoch fraglich angesichts der Tatsache, dass gerade zur Boomzeit des dot.com-Zeitalters an der Börse oft nur noch (!) Erwartungen gehandelt wurden.

[266] *Der Spiegel* vom 13.08.2001, S. 89; *Wirtschaftswoche* vom 16.08.2001, S.90 ff.

Wenn schon ein vergleichsweise „kleines Paket" einen solchen Kurssturz auslösen kann, so bedarf es nicht viel Fantasie, um sich vorzustellen, welche Konsequenzen einträten, wollte ein Aktionär sogar ein noch größeres Paket an die Börse bringen. Abgesehen davon, dass der Großaktionär bei einer unternehmerischen Beteiligung an einem solchen Verschleudern seiner Aktien regelmäßig kein Interesse haben wird, wäre dieses auch unter einem anderen Aspekt bedenklich: Auch wenn das Prinzip der Veräußerungsfreiheit die Veräußerung letztlich rechtfertigen würde, so gebietet zunächst die Treuepflicht des Großaktionärs gegenüber seinen Mitaktionären und gegenüber der Gesellschaft, zu versuchen, den Weg der Veräußerung zu wählen, der den geringsten Nachteil für die Gesellschaft verursacht. Die Gesellschaft ihrerseits muss schon wegen ihrer Treuepflicht gegenüber den verbleibenden Aktionären Maßnahmen ergreifen, welche die Vernichtung ihres eigenen Börsenwertes verhindern. Da eine reibungslose und schnelle Abwicklung einer außerbörslichen Veräußerung wesentlich geringeren Druck auf den Börsenkurs einer Gesellschaft ausübt, wäre als geeignete Maßnahme in diesem Zusammenhang die Unterstützung des Großaktionärs durch eine Due Diligence bei einem außerbörslichen Verkauf anzusehen. Auf diesem Wege könnte eine Veräußerung über die Börse mit ihren verheerenden Auswirkungen auf den Börsenwert der Gesellschaft vermieden werden.

### bb) Veräußerung ohne Due Diligence

Als Alternative zur Beteiligungsveräußerung mit Hilfe einer Due Diligence ist neben dem Verkauf über die Börse auch die außerbörsliche Veräußerung **ohne** Durchführung einer Due Diligence denkbar. Das Hauptargument gegen diese Variante ist die schon mehrfach erwähnte Tatsache, dass sich zu diesen Bedingungen heutzutage kaum mehr ein Käufer finden lassen wird. Dieser Aspekt soll aber an dieser Stelle ausgeblendet werden, um kurz einen weiteren Gesichtspunkt anzusprechen.

Gesetzt den Fall, dass sich ein potenzieller Erwerber fände, der die Beteiligung auch ohne Durchführung einer Due Diligence erwerben wollte, so wird ein solcher Erwerbsinteressent nicht gewillt sein, das Paket zu dem Preis zu kaufen, der dem unternehmerischen Charakter der Beteiligung gerecht wird. Er wird vielmehr einen Unsicherheitsabschlag verlangen, anstatt dem Großaktionär den *Good Will* seiner Beteiligung mit einem Paketzuschlag[267] zu vergüten. Es fragt sich, ob der Paketaktionär von der Gesellschaft verlangen können soll, ihn bei der Realisation dieses Zuschlages zu unterstützen und einen Abschlag zu vermeiden.

Bei der Beantwortung dieser Frage ist insbesondere zu bedenken, dass die Aspekte, welche den unternehmerischen Charakter einer Beteiligung ausmachen[268], nicht nur aus Sicht des Großaktionärs, sondern auch aus Sicht der Gesellschaft ein besonderes Verhältnis zwischen der Gesellschaft und dem Paketaktionär etablieren. Wie bereits dargelegt profitiert die Gesellschaft in der Regel von der Existenz eines Großaktionärs. Diese Situation wird sich in der Regel mit einem neuen Aktionär weiter fortsetzen. Ihr muss deshalb auch bei der Veräußerung einer solchen Beteiligung auf einen zukünftigen Aktionär Rechnung getragen werden, indem der Veräußerungsprozess von der Gesellschaft mit der Due Diligence unterstützt wird.

Aber auch wenn man diese Auffassung nicht teilt, ändert das nichts an dem Umstand, dass ohne Gestattung einer Due Diligence der potenzielle Erwerberkreis derart eingeschränkt wäre, dass die Verkehrsfähigkeit der Beteiligung nicht mehr sichergestellt wäre.

### cc) Austritt/Kündigung der Mitgliedschaft ?

Die Gefahr der „faktischen Vinkulierung" verstärkt sich noch, wenn man berücksichtigt, dass die Anteilsveräußerung normalerweise die einzige Möglichkeit ist, die Mitgliedschaft in der AG zu beenden. Als Alternative dazu käme allenfalls noch ein Austrittsrecht des Großaktionärs in Betracht. Die gesetzlichen und ungeschriebenen Austrittsrechte sollen nachfolgend kurz auf ihre Ergiebigkeit für die vorliegende Fallkonstellation untersucht werden.

---

[267] Ein solcher ist schon beim Erwerb von Sperrminoritäten der Regelfall: *Großfeld*, JZ 1981, 769 (771).

[268] Siehe oben: C II 1 a) aa).

§ 29 Abs. 1 UmwG normiert zwei Fälle, in denen der Aktionär gegen Abfindung aus der Gesellschaft austreten kann. Dabei handelt es sich einmal um den Fall der sogenannten Mischverschmelzung, in der ein übernehmender Rechtsträger eine andere Rechtsform als der übertragende Rechtsträger hat und zum anderen um den Fall, dass der Anteilseigner des übertragenden Rechtsträgers im Zuge der Verschmelzung Anteile des übernehmenden Rechtsträgers erhält, die Verfügungsbeschränkungen unterliegen[269]. Diese Konstellationen liegen hier nicht vor. Sie sind auch mangels vergleichbarer Interessenlage keiner Analogie zugängig.

Neben diesem gesetzlich normierten Austrittsrecht kennt das Gesellschaftsrecht ein allgemeines Austrittsrecht, welches als anerkannte Grundregel des Verbandsrechts dem römischrechtlichen Grundsatz *„nulla societas in aeternum coito est"*[270] folgt. In den Kapitalgesellschaften hat dieses Recht im Grundsatz in der Übertragungsmöglichkeit der Mitgliedschaft einen Ersatz gefunden, um den Verband vor einer – oftmals gar nicht möglichen oder im Einzelfall unzulässigen – Einlagenrückgewähr zu schützen[271]. Dennoch wird daneben bei Vorliegen eines wichtigen Grundes von einigen Literaturstimmen auch ein Recht zur Aufkündigung der Mitgliedschaft in der Aktiengesellschaft bejaht[272].

Die eigentliche Diskussion um das Bestehen eines ungeschriebenen Austrittsrechts braucht hier nicht aufgegriffen zu werden. Unterstellt, es gäbe ein solches Austrittsrechts, so müsste erörtert werden, ob eine Konstellation wie die vorliegende einen wichtigen Grund zum Austritt aus der Gesellschaft darstellen würde. Dafür spräche, dass die Nichtgewährung der Due Diligence im Endeffekt der **dauerhaften** Versagung der Genehmigung nach § 68 Abs. 2 AktG gleichkäme, die selbst für vinkulierte Namensaktien so nicht zulässig ist[273]. Gerade bei Inhaberaktien kann ein solcher Zustand nicht hinnehmbar sein. Auf der anderen Seite wird es häufig Zweifel geben, ob die Mitgliedschaft dem Paketaktionär trotz der

---

[269] Vgl. zum Ganzen nur: *Grunewald*, in: Lutter, UmwG, § 29 Rdnr. 2f.
[270] *Digesten* 17, 2, 70.
[271] *Wiedemann*, S. 400.
[272] *Wiedemann*, S. 401; *Grunewald*, in: Lutter, UmwG, § 29 Rdnr. 2f; *dies.* in: FS Boujong, 173 (199); *dies.* in: FS Claussen, 103 (112); ablehnend u. a. *Wiesner*, in: MünchHdb AG, § 14 Rdnr. 16.
[273] Dazu sogleich unten: C II 2 a).

Gefahr des „Einmauerns" wirklich unzumutbar geworden ist, was schließlich Kriterium für einen außerordentlichen Austritt ist[274]. Diese Frage kann aber letztlich offen bleiben. Denn das von einigen propagierte Austrittsrecht ist subsidiär und kommt nur dann zum Zuge, wenn es kein milderes Mittel zur Aufhebung der jeweiligen Notsituation gibt[275].

Bedenkt man zum einen, dass der Großaktionär ja seine Beteiligung veräußern will und deshalb einen Austritt gar nicht erwägt, und führt man sich zudem vor Augen, dass eine Abfindung eines Großaktionärs durch die Gesellschaft in der Regel finanziell kaum möglich und wegen der Kapitalerhaltungsvorschriften rechtlich selten zulässig sein dürfte[276], stellt sich die Gewährung der Due Diligence sowohl für den Großaktionär als auch für die Gesellschaft aber gerade als ein solches milderes Mittel gegenüber dem Austritt aus der Gesellschaft dar. Ein Austritt aus der Gesellschaft ist deshalb keine gangbare Alternative zur von der Gesellschaft per Due Diligence unterstützten Anteilsveräußerung.

Die Anteilsveräußerung ist demzufolge für die weit überwiegende Zahl der Fälle die einzige Möglichkeit, die Mitgliedschaft in der AG zu beenden. Unter diesem Blickwinkel scheint es nur schwer vertretbar, den veräußerungswilligen Paketaktionär förmlich in der Gesellschaft „einzumauern", wenn die Verkehrsfähigkeit des Anteils – die bei der AG ja Substitut für das allgemeines Austrittsrecht sein soll – durch Gewährung einer Due Diligence in weiten Teilen garantiert werden könnte.

### c) Zwischenergebnis

Die vorstehenden Erörterungen haben gezeigt, dass durch die Nichtgewährung einer Due Diligence die Verkehrsfähigkeit einer unternehmerischen Beteiligung derart eingeschränkt würde, dass der Großaktionär Gefahr liefe, gegen seinen Willen in der Gesellschaft eingemauert zu werden.

---

274 *Grunewald*, in: FS Boujong, 175 (200).
275 *Wiedemann*, S. 401.
276 Vgl. dazu § 71 Abs. 2 AktG, der den Erwerb eigener Aktien – und damit den Austritt eines Aktionärs – für die Verschmelzungsfälle auf eine max. Höhe von 10 % des Grundkapitals beschränkt.

Der Vergleich mit Fällen zulässiger Vinkulierung und mit der Rechtslage betreffend die Due Diligence in der GmbH wird zeigen, dass Konsequenz dieser „faktischen Vinkulierung" sein muss, dem Großaktionär die Due Diligence zum Zwecke der Veräußerung einer unternehmerischen Beteiligung zu gestatten und so die Verkehrsfähigkeit des Anteils wiederherzustellen. Dem steht auch nicht eine möglicherweise entgegenstehende Wertung des § 35 Abs. 2 WpÜG entgegen, wie daran anschließend erläutert werden wird.

### 2. Fälle zulässiger Vinkulierung

In der AG sind zwei Arten der Beschränkung der Verkehrsfähigkeit von Anteilen üblich, zum einen die Vinkulierung nach § 68 Abs. 2 AktG, zum anderen vertragliche Übertragungshindernisse.

#### a) Vinkulierte Namensaktien

§ 68 Abs. 2 AktG eröffnet die Möglichkeit, die Übertragbarkeit von Namensaktien an die Zustimmung der Gesellschaft zu knüpfen. Bei Inhaberaktien ist eine derartige Beschränkung der Verkehrsfähigkeit unzulässig. Voraussetzung für eine zulässige Vinkulierung von Namensaktien ist, dass eine solche in der Satzung bestimmt worden ist[277].

Das zuständige Organ – sofern in der Satzung nichts anderes bestimmt ist, nach § 68 Abs. 2 AktG der Vorstand – entscheidet über die Zustimmung nach pflichtgemäßem, durch das Gleichbehandlungsgebot des § 53a AktG gebundenem, Ermessen[278]. Obwohl die Ermessenausübung sich in erster Linie am Wohl der Gesellschaft zu orientieren hat, darf sie auch berechtigte Interessen des betroffenen Aktionärs nicht außer Acht lassen[279]. So darf die Versagung der Zustimmung auch nicht zu einer grundsätzlichen Unveräußerbarkeit der Aktien auf unabsehba-

[277] *Hüffer*, § 68 Rdnr. 13.
[278] Heute wohl unstreitig: *BGH*, WM 1987, 174 (175); *Hefermehl/Bungeroth*, in: Geßler/Hefermehl, § 68 Rdnr. 124; aA (freies Ermessen) noch *RGZ* 132, 149 (156 f.).
[279] *Wiesner*, in: MünchHdb AG, § 14 Rdnr. 16.

re Zeit führen[280]. Sind andere Aktionäre ebenfalls zur Übernahme der Aktien bereit, darf die Zustimmung zur Veräußerung an einen außenstehenden Aktionär nur dann verweigert werden, wenn die anderen Aktionäre einen angemessenen Kaufpreis bieten, der entsprechend §§ 305 Abs. 3 Satz 2, 320 Abs. 5 Satz 5 AktG den inneren Wert der Aktien widerspiegelt[281].

Selbst bei vinkulierten Namensaktien darf es also nicht zu einem „Einmauern" in der Gesellschaft kommen. Auch hier hat der Aktionär zudem ein Recht auf die Realisation eines „fairen" Kaufpreises. Wenn das schon für vinkulierte Namensaktien gilt, dann muss dies erst recht für Aktien der Fall sein, die keinen Verfügungsbeschränkungen unterliegen.

> Das muss im übrigen konsequenterweise auch heißen, dass der Veräußerer eines gemäß § 68 Abs. 2 AktG vinkulierten Aktienpakets im Falle der Zustimmung zur Veräußerung ebenso wie ein Paketaktionär, der Inhaberaktien hält, eine Due Diligence verlangen können muss, wenn sich ohne Due Diligence das Paket nicht veräußern lässt. Denn eine über die satzungsmäßige Vinkulierung hinausgehende „faktische Vinkulierung" seines Pakets ist gleichermaßen nicht hinnehmbar.

### b) Vertragliche Vinkulierung

Eine weitere zulässige Beschränkung der Verkehrsfähigkeit kann die vertragliche Vinkulierung von Aktien sein. Sie unterscheidet sich von den Beschränkungen nach § 68 Abs. 2 AktG dadurch, dass sie nur schuldrechtlich und nicht dinglich wirkt[282]. Fälle vertraglicher Vinkulierung lassen sich in letzter Zeit insbesondere dann finden, wenn eine Aktiengesellschaft beim Erwerb eines Unternehmens mit eigenen Aktien bezahlt. Um zu vermeiden, dass der Veräußerer die Anteile unmittelbar nach Abschluss der Transaktion zu Geld macht und so den Aktienkurs un-

---

280 *Wiesner*, in: MünchHdb AG, § 14 Rdnr. 16; *Hefermehl/Bungeroth*, in: Geßler/Hefermehl, § 68 Rdnr. 124.
281 *BGH*, WM 1987, 174 (175); *Wiesner*, in: MünchHdb AG, § 14 Rdnr. 16.
282 *Immenga*, AG 1992, 79 (79).

ter Druck setzt, werden die Anteile in der Regel für eine gewisse Zeit einer obligatorischen Verfügungsbeschränkung unterworfen[283].

Dass sich Aktien überhaupt obligatorisch vinkulieren lassen, wird zwar teilweise angezweifelt. In einem derartigen Geschäft sehen nämlich einige u. a. einen Verstoß gegen § 68 Abs. 2 AktG, da die alleinige Kompetenz zur Statuierung einer Übertragungsbeschränkung dem Satzungsgeber, also der Hauptversammlung zufalle[284]. Der Vorstand maße sich also mit dem Abschluss einer Vinkulierungsvereinbarung mit einem Aktionär eine organschaftliche Kompetenz an, die ihm nach der Konzeption des Aktienrechts nicht zustehe[285].

Die herrschende Meinung geht aber von der Zulässigkeit solcher Beschränkungen – etwa in Form von Belegschaftsaktien – aus[286]. Dabei wird u. a. argumentiert, dass das AktG gerade keine Vorschrift kenne, welche den Abschluss schuldrechtlicher Verfügungsbeschränkungen limitiere[287]. In einer solchen Vereinbarung sei auch keine Umgehung des § 68 Abs. 2 AktG zu sehen, da ausschließlich die schuldrechtliche Umgehung einer in der Satzung festgelegten Vinkulierungsklausel als unzulässig zu werten sei[288].

Geht man von der Zulässigkeit einer schuldrechtlichen Vinkulierungsvereinbarung aus, so ist für den Vergleich mit der hier dargelegten Gefahr der „faktischen Vinkulierung“ zu beachten, dass Erstere auf den freien Willen des Aktionärs zurückgeht. Dieser hat sich der obligatorischen Vinkulierung unterworfen, weil die Beschränkung im Sinne eines *do ut des* mit vertraglichen Gegenleistungen korreliert, etwa einem attraktiven Erwerbspreis. Außerdem ist eine schuldrechtliche

283 Dass damit das Problem des „Kasse-Machens“ jedoch in der Regel lediglich verschoben und nicht gelöst wird, wie der Verkauf von Telekom-Anteilen durch ehemalige Voicestream-Aktionäre im August 2001 eindrucksvoll gezeigt hat, ist ein anderes Thema; vgl. dazu: *Der Spiegel* vom 13.08.2001, S. 89; *Wirtschaftswoche* vom 16.08.2001, S.90 ff.

284 *Immenga*, AG 1992, 79 (81ff.); *Otto*, AG 1991, 369 (373, 375).

285 *Immenga*, AG 1992, 79 (83).

286 *BayObLG*, WM 1989, 138 (143); *Lutter*, in: Kölner Komm., § 54 Rdnr. 22; *Hefermehl/Bungeroth*, in: Geßler/Hefermehl, § 68 Rdnr. 70; *Barthelmeß/Braun*, AG 2000, 172 (173 ff.).

287 *Barthelmeß/Braun*, AG 2000, 172 (173 ff.).

288 *Barthelmeß/Braun*, AG 2000, 172 (174).

Vinkulierung regelmäßig zeitlich beschränkt[289]. Andernfalls dürfte sie als unzumutbar zu qualifizieren sein.

In die Konstellation der „faktischen Vinkulierung" hat sich der Großaktionär dagegen in der Regel nicht freiwillig begeben. Zum einen kann der Anteil schon zu einer Zeit in das Portfolio des Paketaktionärs gelangt sein, als es das Rechtsinstitut der Due Diligence in Deutschland noch nicht gab und der Anteil daher nicht den geschilderten Veräußerungsschwierigkeiten unterlag. Zum anderen kann sich die Nichtübertragbarkeit des Gesamtpakets erst dadurch ergeben haben, dass nach und nach kleinere Aktienpakete zusammengekauft worden sind, die erst in ihrer Summe eine faktisch vinkulierte Beteiligung ausmachen. Ferner ist im Gegensatz zur vertraglichen Vinkulierung das zeitliche Ende der „faktischen Vinkulierung" selten absehbar.

Da es also an einem freiwilligen Eingehen der „faktischen Vinkulierung" eines Aktienpakets in aller Regel fehlt und auch ein zeitliches Ende der Vinkulierungssituation häufig nicht absehbar ist, kann aus der Zulässigkeit schuldrechtlicher Vinkulierungen nicht auf eine Statthaftigkeit einer „faktischen Vinkulierung" geschlossen werden.

### c) Zwischenergebnis

Wie gesehen, darf die Vinkulierung nach § 68 Abs. 2 AktG nicht zu einem Einmauern in die Gesellschaft führen. Die Zulässigkeit vertraglicher Vinkulierung ergibt sich aus der Freiwilligkeit der Unterwerfung unter eine solche Vereinbarung und aus ihrer Befristung. Da nur in diesen beiden Fällen die Vinkulierung von Aktien ausnahmsweise zulässig ist, ist die „faktische Vinkulierung" einer unternehmerischen Beteiligung durch Nichtgewährung einer Due Diligence als nicht hinnehmbar zu beurteilen. Dieser für den Großaktionär unzumutbare Zustand ist deshalb durch Gewährung eines Anspruchs auf Due Diligence aufzulösen. Nur so

---

[289] *Barthelmeß/Braun*, AG 2000, 172 (174).

kann dem Grundsatz der freien Veräußerbarkeit angemessen Rechnung getragen werden.

## 3. Vergleich mit der GmbH

In der GmbH, in der die Gesellschafter schon auf Grund der Struktur der Gesellschaft regelmäßig unternehmerisch beteiligt sind, kann es prinzipiell zu einer vergleichbaren Situation wie der hier untersuchten kommen. Auch dort fragt sich, ob der Gesellschafter von der Gesellschaft verlangen kann, dass die Veräußerung seines Anteils von der Gesellschaft durch Gewährung einer Due Diligence unterstützt wird.

### a) Informationsanspruch nach § 51a GmbHG

Der Informationsanspruch von GmbH-Gesellschaftern richtet sich nach § 51a GmbHG. Diese Norm gewährt dem Gesellschafter ein Recht auf unverzügliche Auskunft über die Angelegenheiten der Gesellschaft und auf Einsicht in die Bücher und Schriften der Gesellschaft. Da der Begriff der „Angelegenheiten der Gesellschaft" so weit auszulegen ist, dass er alle rechtlichen und wirtschaftlichen Verhältnisse in der GmbH umfasst[290], bietet er im Grunde auch einen Ansatzpunkt für einen möglichen Due-Diligence-Anspruch des Gesellschafters. Der Anspruch steht allerdings nach § 51a Abs. 2 GmbHG unter dem Vorbehalt der Gesellschaftsbezogenheit, so dass jeder gesellschaftsfremde Zweck dazu führt, dass die Auskunft und die Einsicht zu verweigern sind (aa). Neben den Beschränkungen des § 51a Abs. 2 GmbHG ist darüber hinaus die allgemeine Missbrauchsschranke der gesellschaftsrechtlichen Treuepflicht zu beachten (bb).

#### aa) Gesellschaftsbezogener Zweck

Gesellschaftsfremdheit wird immer dann bejaht, wenn der Verwendungszweck für die herausverlangten Daten außerhalb ordnungsgemäßen mitgliedschaftlichen

Verhaltens liegt[291]. Da die Veräußerung einer Beteiligung innerhalb eines derartigen ordnungsgemäßen Verhaltens liegt, ist auch unstreitig, dass der Gesellschafter alle erforderlichen Informationen verlangen kann, um sich vor der Veräußerung **selbst** ein Bild über seinen Anteil zu verschaffen, wenn er die Weitergabe der Informationen an den Erwerbsinteressenten **nicht** beabsichtigt[292].

Fraglich ist allerdings, ob das auch für den Fall gilt, in dem die Weitergabe an den potenziellen Erwerber geplant ist. Teilweise wird im Schrifttum jede Informationsweitergabe an gesellschaftsfremde Dritte als unzulässig angesehen[293]. Differenzierende Ansichten bejahen eine Zulässigkeit der Informationsweitergabe zumindest zum Zwecke des Verkaufs des Geschäftsanteils, wenn die Pflicht zur Vertraulichkeit an den Informationsempfänger weitergegeben werde[294], sofern die Offenbarung keine Gefahr einer Schädigung in sich berge[295] oder wenn eine Interessenabwägung zugunsten der Informationsweitergabe ausfalle[296]. Die letzteren Stimmen sprechen also eher dafür, dass auch die Due Diligence in den Bereich des gesellschaftsbezogenen Zwecks einzuordnen ist. Zuzugeben ist allerdings, dass sie auf die Problematik der Informationsweitergabe im Rahmen einer Due Diligence nicht explizit eingehen.

Richtigerweise dient die Informationsweitergabe an den Dritten selbst weder einem gesellschaftsfremden noch einem gesellschaftsbezogenen Zweck. Sie stellt sich vielmehr isoliert betrachtet in der Regel als zweckneutral dar. Denn erst zusammen mit der avisierten Anteilsveräußerung lässt sich beurteilen, ob ein gesellschaftsfremder Zweck vorliegt[297].

---

290 *K. Schmidt*, in: Scholz, § 51a Rdnr. 19.

291 *K. Schmidt*, in: Scholz, § 51a Rdnr. 39; *Zöllner*, in: Baumbach/Hueck, § 51a Rdnr. 24.

292 *Zöllner*, in: Baumbach/Hueck, § 51a Rdnr. 24; *Götze*, ZGR 1999, 202 (208); *Grunewald*, ZHR 146 (1982), 211 (218).

293 *Hüffer*, in: Hachenburg, § 51a Rdnr. 11; *Grunewald*, ZHR 146 (1982), 211 (227).

294 So ist wohl *Lutter/Hommelhoff*, § 51a Rdnr. 4 zu verstehen.

295 *Koppensteiner*, in: Rohwedder, § 51a Rdnr. 16.

296 *K. Schmidt*, in: Scholz, § 51a Rdnr. 6.

297 So auch: *Götze*, ZGR 1999, 202 (210); *Bremer*, GmbHR 2000, 176 (178); *Körber*, NZG 2002, 263 (270).

Ist jedoch mit der oben dargelegten einhelligen Ansicht die Veräußerung selbst nicht gesellschaftsfremd, da sie sich innerhalb ordnungsgemäßen mitgliedschaftlichen Verhaltens abspielt, so muss das auch für die mit ihr verbundene Offenbarung an den erwerbswilligen Dritten gelten, da zwischen beiden Akten ein funktionaler Bezug besteht.

### bb) Treuwidrigkeit

Eine andere Frage ist, ob der Auskunftstransfer sich nicht möglicherweise als treuwidrig darstellt.

Pauschal bejaht das *Lutter*. Die „offenherzige" Regelung des § 51a GmbHG beruhe auf der Vorstellung, dass zwischen Gesellschaft und Gesellschafter eine Interessenidentität bestehe[298]. Der Gesellschafter erhalte bei der Informationsoffenbarung ein der Gesellschaft gehörendes Gut, das ihm das Gesetz für die eigenen Interessen als Gesellschafter und (Mit-)Eigentümer anvertraue, aber „gewiss nicht zu beliebigem Gebrauch und rein eigeninteressierter Weitergabe an Dritte"[299].

Bei dieser Feststellung übersieht *Lutter* allerdings, dass bei der Untersuchung der Treuepflicht nicht einseitig auf die Gesellschaftsinteressen, sondern gleichermaßen auch auf das berechtigte Interesse des Gesellschafters, seine Beteiligung zu veräußern, zu achten ist[300].

Demgemäß gebietet die Treuepflicht des Gesellschafters eine Abwägung zwischen den berechtigten – eigennützigen – Interessen des Gesellschafters und dem Interesse der Gesellschaft an einer Geheimhaltung der Informationen. Die Waagschale neigt sich dabei zunächst zugunsten des Gesellschafters, da auch in der GmbH die Gefahr der Vereitelung der Veräußerungsfreiheit besteht[301]. Eine

---

[298] *Lutter*, ZIP 1997, 613 (615); ebenso: *Bihr*, BB 1998, 1198 (1199).
[299] *Lutter*, ZIP 1997, 613 (615).
[300] *Götze*, ZGR 1999, 202 (212); *Körber*, NZG 2002, 263 (266).
[301] *Götze*, ZGR 1999, 202 (208).

Offenbarung kann bezüglich einzelner Informationen dennoch unzumutbar sein, etwa wenn die Geheimhaltungsmaßnahmen im Rahmen der Due Diligence nicht ausreichend sind, dem Geheimhaltungsinteresse der Gesellschaft Genüge zu tun[302]. Das wird beispielweise regelmäßig dann der Fall sein, wenn es sich bei den Daten um wettbewerbsrelevante Informationen und bei dem Erwerbsinteressenten um einen unmittelbaren Konkurrenten handelt. Auch die Offenbarung offensichtlich nicht erforderlicher Informationen – zum Beispiel nicht anonymisierter Mitarbeiterlisten (unabhängig von der datenschutzrechtlichen Fragwürdigkeit einer derartigen Information) – würde gegen die Treuepflicht verstoßen. Ferner mag es bei einer nur geringen Beteiligung bei objektiver Betrachtung an der Notwendigkeit zur Due Diligence fehlen. Im Übrigen kann auf die bereits im ersten Teil gemachten Darstellungen zu den entsprechenden Maßnahmen zur Risikobegrenzung verwiesen werden[303]. Gelingt die Begrenzung der Risiken der Due Diligence nicht, so stellt sich die Informationsweitergabe als treuwidrig dar.

Die Informationsweitergabe an den außerhalb der GmbH stehenden Dritten macht den Anspruch aus § 51a GmbHG also nicht unzulässig. Es ist allerdings sorgfältig abzuwägen, ob im Einzelfall nicht die Treuepflicht des Gesellschafters gebietet, ihm die zur Weitergabe an einen gesellschaftsfremden Erwerbsinteressenten vorgesehenen Informationen zu verweigern oder diese zu selektieren.

### cc) Zwischenergebnis

Wie gesehen besteht in der GmbH ein Informationsanspruch des Gesellschafters, und zwar auch, wenn er die Weitergabe an einen potenziellen Erwerber beabsichtigt. Der Anspruch findet seine Grenzen lediglich dort, wo die treuwidrige Verwendung der Daten droht.

---

[302] *Bremer*, GmbHR 2000, 176 (178); *Körber*, NZG 2002, 263 (270).
[303] Siehe oben: Teil 1: B II 1 e).

### b) Rückschlüsse für die AG

Es spricht viel dafür, den gerade gefundenen Lösungsansatz zur GmbH auch auf die hier untersuchte Konstellation in der AG zu übertragen.

Denn es wird hier kein allgemeiner Auskunftsanspruch propagiert, sondern lediglich ein solcher, der dem Aktionär im Falle der drohenden „faktischen Vinkulierung" seiner Anteile zustehen soll. Das ist, wie gesehen, bei einer unternehmerischen Beteiligung an einer AG der Regelfall. Diese unternehmerische Beteiligung an der AG ähnelt ihrer Struktur nach sehr der Beteiligung an einer GmbH. Zwar hat auch der Großaktionär keine gesetzlich fixierte Möglichkeit, auf die Geschäftsführung der Gesellschaft Einfluss zu nehmen, anders als dies in der GmbH möglich ist. Allerdings etablieren die engen Beziehungen zwischen AG und unternehmerisch beteiligtem Aktionär ein System wechselseitiger Abhängigkeiten, das rein tatsächlich mit zunehmender Intensität (Beteiligungsquote, AR-Mandat und/oder vertragliche Beziehungen) den Verhältnissen zwischen einer GmbH und ihren Gesellschaftern immer ähnlicher wird.

Außerdem werden sowohl die GmbH- als auch die AG-Mitgliedschaft wesentlich vom Prinzip der freien Veräußerbarkeit getragen. Die Mitgliedschaft lässt sich zumindest dann nicht durch Austritt/Kündigung beenden, wenn die Möglichkeit der Veräußerung noch besteht. Gebietet aber die Fungibilität der Anteile und die andernfalls drohende Gefahr der „faktischen Vinkulierung" in der GmbH die Zulassung einer Due Diligence, so ist nicht einzusehen, weshalb das in der AG nicht auch der Fall sein soll.

Denn für Aktien(-pakete) gibt es regelmäßig keinen leichter zugänglichen Markt als für GmbH-Anteile[304]. Und selbst Pakete börsennotierter Gesellschaften lassen sich – wie ausgeführt[305] – regelmäßig nicht über die Börse veräußern.

---

[304] Es sind lediglich 1.079 der deutschen Aktiengesellschaften börsennotiert. Das entspricht nur knapp 7,9% der 13.598 Aktiengesellschaften in Deutschland (Stand: Anfang 2002); vgl. *Hansen*, AG 2002, R 75 (76).

[305] Siehe oben: C II 1 b) aa).

## 4. Entgegenstehende Wertung des § 35 Abs. 2 WpÜG?

Der aufgestellten These, dass eine faktische Vinkulierung nicht hinnehmbar ist, könnte eine mögliche Wertung des § 35 Abs. 2 WpÜG entgegenstehen.

Nach dieser Vorschrift hat jeder, der unmittelbar oder mittelbar mehr als 30% der Stimmrechte einer börsennotierten Zielgesellschaft erlangt, den anderen Aktionären ein sogenanntes Pflichtangebot zu unterbreiten[306]. Diese Angebotspflicht wird aller Voraussicht nach zu einer Einschränkung des Kreises potenzieller Erwerber derartiger Pakete führen[307], da diese nicht nur die Aktien der von Ihnen ins Auge gefassten Aktionäre erwerben können, sondern ein Angebot zum Erwerb *aller* Aktien machen müssen, sobald sie die Kontrollschwelle überschreiten. Dadurch etabliert das WpÜG also für Pakete, die zu einem Kontrollerwerb im Sinne des § 29 Abs. 2 WpÜG führen, eine „faktische Veräußerungsbeschränkung“[308].

Wenn aber das WpÜG eine faktische Vinkulierung von bestimmten Aktienpakten als hinnehmbar erachtet, so scheint sich die Frage zu stellen, weshalb das nicht in der hier skizzierten Situation ebenso der Fall sein soll. Mit einer derartigen Argumentation würde jedoch zweierlei verkannt.

Zum einen gilt das WpÜG nur für Aktiengesellschaften, die zu einem organisierten Markt zugelassen sind, § 1 WpÜG. Es entfaltet also seine Regelungswirkung nur für die wenigen börsennotierten Gesellschaften, nicht aber für die große Mehrzahl der nicht an einer deutschen Börse notierten Aktiengesellschaften[309].

Außerdem ist § 35 Abs. 2 WpÜG nur deshalb eine verfassungsgemäße Inhalts- und Schrankenbestimmung des Eigentumsrechts des veräußerungswilligen Akti-

---

[306] Vgl. hierzu: *Meyer*, in: Geibel/Süßmann, § 35 Rdnr. 1 ff; *Steinmeyer/Häger*, § 35 Rdnr. 18 ff.; *Harbath*, ZIP 2002, 321 ff; *Thoma*, NZG 2002, 105 (111 f.), jeweils mwN zur bereits umfangreichen Literatur.

[307] Diese Befürchtung äußern ebenfalls: *Meyer*, in: Geibel/Süßmann, § 35 Rdnr. 13; *Steinmeyer/Häger*, § 35 Rdnr. 31.

[308] So bezeichnet diese Situation zutreffend: *Steinmeyer/Häger*, § 35 Rdnr. 31.

[309] Nochmals: Es sind lediglich 1.079 der deutschen Aktiengesellschaften börsennotiert. Das entspricht nur knapp 7,9% der 13.598 Aktiengesellschaften in Deutschland (Stand: Anfang 2002); vgl. *Hansen*, AG 2002, R 75 (76).

onärs, weil die Vorschrift zum einen dem Schutz der Interessen von Minderheitsaktionären dient und zum anderen dem Allgemeininteresse an der Funktionsfähigkeit der Kapitalmärkte und der Wettbewerbsfähigkeit des Finanzplatzes Deutschland[310]. Diese übergeordneten Interessen erlauben also ausnahmsweise die durch die Regelung zum Pflichtangebot etablierte „faktische Vinkulierung".

Genau diese Argumente, die eine Ausnahme von Grundsatz der Veräußerungsfreiheit und eine Einschränkung des Eigentumsrechts des Aktionärs zulassen, treffen für den hier skizzierten Fall der faktischen Vinkulierung durch Nichtgestattung einer Due Diligence nicht zu.

Da es sich bei dem Pflichtangebot nach dem WpÜG um eine Ausnahmeregelung für einen isolierten Teilbereich des Aktienrechts handelt, die nur aus den zuvor genannten Gründen zulässig ist, kann aus § 35 Abs. 2 WpÜG folglich keine allgemeine Wertung entnommen werden, dass faktische Vinkulierungen allgemein zulässig sein sollen. Naheliegender wäre vielmehr ein *argumentum e contrario*, nämlich dass faktische Vinkulierungen nur dann akzeptabel sind, wenn sie unmittelbare (!) Folge einer gesetzlichen Regelung sind und übergeordneten Interessen dienen. Beides ist in der vorliegenden Situation nicht gegeben.

### 5. Zwischenergebnis

Die vorstehenden Erörterungen haben ergeben, dass bei Verweigerung einer Due Diligence die Gefahr der „faktischen Vinkulierung" des Aktienpakets eines Großaktionärs besteht. Vergleicht man diese Situation mit den Fällen zulässiger Vinkulierung in der AG und mit dem Anspruch des GmbH-Gesellschafters auf Herausgabe von Informationen zum Zwecke der Due Diligence, so stellt sich diese Gefahr vor dem Hintergrund des Grundsatzes der Veräußerungsfreiheit als unzumutbar für den unternehmerisch beteiligten Großaktionär dar.

---

310 *Meyer* in: Geibel/Süßmann, § 35 Rdnr. 13; *Steinmeyer/Häger*, § 35 Rdnr. 32.

An dieser Unzumutbarkeit ändert sich nichts durch die neue Vorschrift des § 35 Abs. 2 WpÜG, denn diese Vorschrift enthält lediglich eine nicht verallgemeinerungsfähige Ausnahme vom Grundsatz der Veräußerungsfreiheit.

Das für den hergeleiteten Informationsanspruch notwendige Informationsbedürfnis besteht demgemäß.

### III. Grenzen des Anspruchs

Es wäre verkürzt, das gerade gewonnene Ergebnis derart zu verstehen, dass der unternehmerisch beteiligte Paketaktionär in unbeschränktem Umfang eine Due Diligence verlangen kann. Denn sein berechtigtes Interesse an einer Veräußerung seiner Beteiligung befindet sich in einem Spannungsfeld mit seinen mitgliedschaftlichen Treuepflichten, welchen er sowohl gegenüber der Gesellschaft als auch gegenüber seinen Mitaktionären unterliegt.

#### 1. Risiko der Due Diligence

Die Treuepflicht des Großaktionärs gegenüber der Gesellschaft und den Mitaktionären gebietet, dass der Anspruch auf Due Diligence nicht zum Zuge kommt, wenn sich die Risiken der Due Diligence nicht mit den bereits im ersten Teil dargestellten Maßnahmen[311] eingrenzen lassen. Das heißt, dass die Due Diligence zu unterbleiben hat, wenn sie sich ausnahmsweise insgesamt als unzumutbar darstellt. In der Regel wird jedoch lediglich die eine oder andere Information trotz Maßnahmen zum Schutz der Geschäftsgeheimnisse zu sensibel zur Herausgabe sein. Dann ist diese von der Offenbarung auszunehmen, während der Anspruch im Übrigen bestehen bleibt. Wie bereits im ersten Teil ausgeführt, kann dies insbesondere im Bereich von Produktinnovationen, Patenten und ähnlichem der Fall sein.

---

[311] Siehe oben: Teil 1: B II 1 e).

## 2. Interesse der Gesellschaft an ungestörtem Geschäftsfortgang

Neben dem Risiko der Due Diligence ist ein weiterer Faktor nicht zu vernachlässigen: das Interesse der Gesellschaft an einem ungestörten Fortgang des Tagesgeschäfts. Eine umfangreiche Due Diligence verursacht nämlich auch erhebliche Störungen innerhalb eines Unternehmens, so beispielsweise die Bildung von Gerüchten über die zukünftige Ausrichtung der Unternehmenspolitik. Die Unsicherheit der Mitarbeiter könnte in diesem Zusammenhang zu einem Sinken der Motivation führen und damit auch unmittelbare Auswirkungen auf die Ertragskraft haben. Zudem verlangt eine umfangreiche Due Diligence oftmals die Einbindung der Mitarbeiter der Zielgesellschaft, beispielsweise beim Zusammentragen der Informationen oder als Ansprechpartner für Rückfragen. So werden über einen längeren Zeitraum wichtige Ressourcen der Gesellschaft gebunden.

Zu beachten ist hierbei, dass es sich bei dem Interesse der Gesellschaft, möglichst wenige Informationen zu offenbaren und in ihren Geschäften nicht gestört zu werden, um einen wichtigen Aspekt handelt. Schließlich geht es dabei um die Erreichung des gemeinsamen Gesellschaftszwecks, dem auch der veräußerungswillige Gesellschafter über die Treuepflicht indirekt verpflichtet ist.

Das Interesse der Gesellschaft an einem ungestörten Fortlauf des Tagesgeschäfts muss den Anspruch auf Gewährung einer Due Diligence daher ebenso begrenzen wie das Risiko der Due Diligence.

## 3. Auswirkungen auf den Anspruch

Wie bereits angedeutet, befinden sich Gesellschafts- und Gesellschafterinteressen in diesem Bereich in einem Spannungsfeld, da sie gleichermaßen berechtigt sind. Sie müssen daher angemessen zum Ausgleich gebracht werden.

Das berechtigte Interesse des Großaktionärs ist in diesem Zusammenhang überwiegend abhängig von der Höhe der zu veräußernden Beteiligungsquote. Denn an ihr ist im Wesentlichen festzumachen, wie eng die Beziehungen zur Gesellschaft sind und wie „unternehmerisch“ daher der zu veräußernde Anteil ist. Die Höhe dieser Quote bedingt zudem, wie schwer die Beteiligung letztendlich veräußerbar ist.

Im Einzelfall gibt es hier viele Unwägbarkeiten, da ein Aktienpaket in *einer AG* nicht mit einer ebensolchen Beteiligung in einer *anderen AG* vergleichbar sein muss. Dennoch lässt sich sagen, dass generell erst mit zunehmender Beteiligungsquote das Informationsbedürfnis des Großaktionärs steigt und gleichzeitig das berechtigte Interesse der Gesellschaft abnimmt, einen von der Due Diligence weitestgehend ungestörten Geschäftsfortgang zu gewährleisten.

Aus diesem Grunde wird bei einer sehr geringen zu veräußernden Beteiligung des Paketaktionärs, die keinen unternehmerischen Charakter aufweist, das Interesse der Gesellschaft, „in Ruhe gelassen zu werden“ absolut überwiegen. Unterhalb einer Mindestquote wird deshalb kein Aktionär eine Due Diligence verlangen können.

Oberhalb einer solchen Mindestquote wird jedoch nicht sofort eine vollumfängliche Due Diligence angemessen sein. Denn wer eine Minderheitsbeteiligung erwirbt, hat anschließend immer noch das Interesse der Mehrheit der verbleibenden Aktionäre gegen sich. Es wäre für die Gesellschaft und die verbleibenden Aktionäre unzumutbar – und damit treuwidrig –, wenn zur Veräußerung einer solchen Minderheitsbeteiligung dem Großaktionär (und über ihn dem Erwerbsinteressenten) gestattet würde, mit einem großen Beraterteam die Gesellschaft „auf den Kopf zu stellen“, den Geschäftsbetrieb tage- oder wochenlang zu stören und womöglich eine Vielzahl von Mitarbeitern der Gesellschaft zu involvieren. Denn dann käme es zu einer einseitigen Berücksichtigung seiner eigennützigen Interessen, ohne den ebenfalls berechtigten Interessen der Gesellschaft – und über sie denen der verbleibenden Aktionäre – Rechnung zu tragen.

Wer nur eine Minderheitsbeteiligung veräußern will, wird daher lediglich eine „Management Due Diligence“ verlangen können. Damit ist vorliegend folgendes gemeint: Bei dieser abgeschwächten Form der Due Diligence werden die angeforderten Informationen so weit zusammengetragen, wie es dem Vorstand der Zielgesellschaft ohne Einbindung von Mitarbeitern außerhalb der Geschäftsführungsebene möglich ist. Diese Informationen werden dann zum Zwecke der Due Diligence zur Verfügung gestellt.

Mit dieser Vorgehensweise wird dem berechtigten Interesse der Gesellschaft am ungestörten Fortgang des Geschäftsbetriebs, an der Vermeidung von Gerüchtebildung innerhalb der Belegschaft und an der Geheimhaltung von sensiblen Informationen Rechnung getragen und gleichzeitig dem Großaktionär so viele Informationen gegeben, dass die Fungibilität seines Anteils soweit wie möglich wiederhergestellt ist.

Erst wer eine so große Beteiligung an der Gesellschaft veräußern will, dass damit ihre Geschicke bestimmt werden können, wird eine vollständige Due Diligence einschließlich der Inanspruchnahme von Mitarbeitern der Gesellschaft und Störung des Geschäftsbetriebes verlangen können. Denn in diesem Fall ist die Verkehrsfähigkeit des Anteils besonders stark eingeschränkt. Außerdem sind die Beziehungen des veräußerungswilligen Aktionärs zur Gesellschaft dann besonders eng und das Interesse der Gesellschaft an einem reibungslosen Gesellschafterwechsel besonders hoch.

Ab welcher Quote der Großaktionär „wie viel Due Diligence" verlangen kann, lässt sich also anhand einiger Kriterien skizzieren. Wegen der im Einzelfall in ihrer Intensität unterschiedlichen widerstreitenden Interessen des Großaktionärs auf der einen Seite und der Gesellschaft und der verbleibenden Aktionäre auf der anderen Seite muss der Umfang des Anspruchs jedoch in der Regel einer Einzelfallentscheidung vorbehalten bleiben.

## IV. Fallgruppenbildung

Obwohl der Anspruch sich, wie gerade gesehen, in einem Spannungsfeld zwischen Gesellschafter- und Gesellschaftsinteressen befindet und deshalb vom Einzelfall abhängig ist, soll in der Folge der Versuch gemacht werden, die angedeuteten Leitlinien in Fallgruppen zu fassen, welche in der Praxis Bestand haben können.

Da die nachfolgenden Fallgruppen bereits in den widerstreitenden Interessen wurzeln und typische Lebenssachverhalte nachbilden, besteht für sie der Beweis des ersten Anscheins. Die Partei, welche davon überzeugt ist, dass die Rechtsfolgen einer der nachfolgenden Fallgruppen in der konkreten Situation nicht angemessen sind, trägt daher in einem möglichen Prozess um eine Due Diligence die Beweislast dafür, dass die Interessenlage im spezifischen Fall eine andere ist und sich damit auch der Anspruchsumfang ändern muss.

### 1. Keine Due Diligence

Zunächst wird eine unternehmerische Beteiligung dann nicht vorliegen, wenn der Anteil weniger als 5% des Grundkapitals ausmacht. Denn unterhalb dieser Quote kann der Aktionär Opfer eines sogenannten Squeeze-out nach den §§ 327a bis 327f AktG werden. Diese Gefahr besteht zumindest dann, wenn 95% der Aktien in der Hand eines einzelnen Hautaktionärs liegen oder eine Poolung von Aktien mehrer Aktionäre in derselben Höhe – etwa mittels „Wertpapierleihe" oder durch eine Holdinggesellschaft – stattgefunden hat[312].

Ferner sind erst ab dieser Quote gewisse Minderheitsrechte vorgesehen, so etwa der Antrag auf Bestellung eines Sonderprüfers nach §§ 258 Abs. 2, 260 Abs. 1 AktG oder das Verlangen auf Einberufung einer Hauptversammlung nach § 122 Abs. 1 AktG.

Mangels Vorliegens einer unternehmerischen Beteiligung darf ein Aktionär deshalb unterhalb einer Quote von 5% des Grundkapitals keine Due Diligence verlangen.

[312] Die Zulässigkeit der Poolung von Aktien zum Zwecke des Squeeze-Outs ist allerdings umstritten. Dafür (da vom Wortlaut gedeckt): *Krieger*, BB 2002, 53 (62), dagegen (da Gesetzesumgehung): *Baums*, WM 2001, 1843 (1845 ff.).

## 2. „Management Due Diligence"

Jedenfalls vorliegen wird eine unternehmerische Beteiligung dann, wenn sie 25 % des Grundkapitals + 1 Aktie (oder die nach Satzung erforderliche Quote zur Verhinderung von Satzungsänderungen) ausmacht, da ab dieser Beteiligung jede Satzungsänderung und damit jede strukturverändernde Maßnahme, wie zum Beispiel die Änderung des Unternehmensgegenstandes, verhindert werden kann, § 179 Abs. 2 AktG.

Bei einer Beteiligung zwischen 5 % und 25 % + 1 Aktie wird der Großaktionär darlegen müssen, dass es sich bei seiner Beteiligung schon um eine unternehmerische Beteiligung handelt. Indizien dafür können besondere vertragliche Beziehungen sein, die der Aktionär mit der Gesellschaft auf Grund seiner Beteiligung eingegangen ist (z. B. Liefer-, Abnahme-, Lizenzverträge, das Betreiben von Gemeinschaftsunternehmen durch Gesellschaft und Gesellschafter), wenn diese Motivation beim Vertragsschluss erkennbar zu Tage getreten ist. Auch ein Aufsichtsratsmandat wird gegebenenfalls einen Rückschluss darauf zulassen, dass der Aktionär ein unternehmerisches Interesse an der Gesellschaft hat.

Eine unternehmerische Beteiligung wird auch dann bejaht werden müssen, wenn der Großaktionär darlegen und beweisen kann, dass sein Aktienpaket im konkreten Fall einer faktischen Vinkulierung unterliegt. Zulässiges Beweismittel könnte insofern etwa eine eidesstattliche Versicherung der Geschäftsführung des Erwerbsinteressenten sein, dass ein Erwerb ohne Durchführung einer Due Diligence für diesen nicht in Frage kommt.

Dennoch wird der Aktionär bei einer solchen Beteiligungsquote lediglich die zuvor geschilderte „Management Due Diligence" verlangen können. Denn auf der einen Seite ist seine Beteiligung in diesem Fall bereits hoch genug, um die Unterstützung seiner Anteilsveräußerung durch eine Due Diligence verlangen zu können, auf der anderen Seite überwiegt jedoch bei einer solchen nicht dominierenden Beteiligung das Interesse der Gesellschaft und der verbleibenden Aktionäre an einem möglichst reibungslosen Geschäftsfortgang.

### 3. Vollständige Due Diligence

Eine vollumfängliche Due Diligence, wie sie in Personengesellschaften und GmbHs üblich ist, wird man der Aktiengesellschaft erst dann zumuten können, wenn die Beteiligung, die veräußert werden soll, dem Großaktionär eine wirklich dominierende Stellung in der Gesellschaft einräumt. Schwelle dafür muss eine Beteiligungsquote von 75 % sein (oder die nach Satzung notwendige Mehrheit zur Änderung der Satzung). Denn dann kann der Aktionär mit der Gesellschaft nahezu verfahren, wie er will. Er könnte sogar nach § 240 Abs. 1 UmwG die Gesellschaft in eine GmbH umwandeln, nur um anschließend die Due Diligence nach § 51a GmbHG zu verlangen, auch wenn diese Vorstellung wohl rein theoretischer Natur sein dürfte. Jedenfalls nehmen die übrigen Aktionäre bei dieser Beteiligungsquote eine derart untergeordnete Rolle ein, dass es unvertretbar erscheint, dem Großaktionär die Due Diligence nicht in dem Maße zu gestatten, wie er es für erforderlich hält.

Die gerade gemachten Erwägungen werden ab einer Beteiligung von 50 % des Grundkapitals ebenfalls zutreffen, sofern sich die restlichen Aktien überwiegend in Streubesitz befinden. Denn dann wird der Paketaktionär regelmäßig in den Hauptversammlungen 75 % des **anwesenden** Grundkapitals auf sich vereinen können und ebenfalls strukturverändernde Maßnahmen durchsetzen können, also eine sehr dominierende Rolle in der Gesellschaft spielen. Das wird aber dann nicht der Fall sein, wenn ein anderer Aktionär mindestens 25 % + 1 Aktie innehat. Denn dann wird dieser alle Strukturveränderungen verhindern können, so dass es für den veräußerungswilligen Großaktionär lediglich bei einem Anspruch auf eine „Management Due Diligence" bleibt.

### 4. Grafische Darstellung

Die vorstehenden Erörterungen sollen zur besseren Übersichtlichkeit in dem nachfolgenden Schaubild festgehalten werden.

| Quote | Anspruch | Anmerkung |
|---|---|---|
| < 5 % | Nein | • bis dort Squeeze-out nach den §§ 327a – 327f AktG möglich<br>• erst über dieser Quote gewisse Minderheitsrechte |
| ≥ 5 % bis < 25 % | auf „Management Due Diligence", wenn unternehmerische Beteiligung dargelegt wird | • erst ab dieser Quote gewisse Minderheitsrechte<br>• Darlegungslast für unternehmerische Beteiligung liegt allerdings bei Anspruchsteller, da noch keine Möglichkeit, strukturverändernde Entscheidungen zu blockieren |
| ≥ 25 % | auf „Management Due Diligence" | • unternehmerische Beteiligung wird vermutet, da ab 25 % alle strukturverändernden Entscheidungen blockiert werden können |
| ≥ 50 % | auf volle Due Diligence, sofern kein anderer Aktionär mehr als 25 %, sonst „Management Due Diligence" | • sofern kein anderer Aktionär mehr als 25 %: meist bereits satzungsändernde Mehrheit in HV |
| ≥ 75 % | auf volle Due Diligence | • satzungsändernde Mehrheit in HV |

## D. Gerichtliche Durchsetzbarkeit

Der gerade hergeleitete Anspruch findet seine Grundlage wie gesehen nicht im Gesetz, sondern in allgemeinen Prinzipien des Gesellschafts-, insbesondere des Aktienrechts sowie im Eigentumsrecht des Aktionärs. Daher stellt sich die Frage, wie dieser Anspruch gerichtlich durchzusetzen ist. Zu denken wäre, wegen der Nähe zu den besonderen gesellschaftsrechtlichen Auskunftsrechten an eine entsprechende Anwendung der jeweiligen Verfahren zur Erzwingung von Informationsansprüchen im AktG bzw. im GmbHG.

§ 132 AktG dient der Durchsetzung des Informationsanspruchs des Aktionärs nach § 131 AktG und bezweckt einen beschleunigten Rechtsschutz durch ein Verfahren der freiwilligen Gerichtsbarkeit, so dass die Erhebung einer Leistungsklage durch den Aktionär nicht notwendig wird[313]. Kennzeichnend für das Verfahren ist, dass ein Antrag das formlose Verfahren einleitet, gem. § 12 FGG nach

[313] RegBegr bei: *Kropff*, S. 189; ebenso: *Hüffer*, § 132 Rdnr. 1.

dem Amtsprinzip die Tatsachen ermittelt werden und dann die zuständige Kammer durch Beschluss entscheidet[314].

Das Verfahren nach § 132 AktG scheint auf den ersten Blick für den hier vertretenen Anspruch auf Due Diligence nicht zu passen. Denn es lehnt sich an den Auskunftsanspruch nach § 131 AktG an, der ja nach den obigen Erörterungen gerade nicht Stütze für den Anspruch des Aktionärs auf Due Diligence sein kann.

Auf der anderen Seite ist eine der Überlegungen, die zur Bejahung des Anspruchs des Großaktionärs auf Due Diligence geführt hat, die Ähnlichkeit seiner Situation mit der eines GmbH-Gesellschafters. Ein solcher kann die für die Due Diligence notwendigen Informationen nach § 51a GmbHG verlangen und diesen Anspruch über § 51b GmbHG, der seinerseits wieder auf § 132 AktG verweist, gerichtlich durchsetzen.

Wenn also der GmbH-Gesellschafter die erforderlichen Informationen mit Hilfe eines beschleunigten Beschlussverfahrens im Wege der freiwilligen Gerichtsbarkeit verlangen können soll, ist nicht ersichtlich, weshalb der unternehmerisch beteiligte Großaktionär auf die Leistungsklage verwiesen werden sollte. Hält man nämlich mit der hier vertretenen Auffassung auch für ihn einen Anspruch auf Erteilung der für die Due Diligence notwendigen Informationen für gegeben, so muss man ihm auch ein Verfahren zur Verfügung stellen, das der regelmäßigen Eilbedürftigkeit einer solchen Informationserteilung gerecht wird.

Ein derartiges Verfahren sehen § 51b GmbHG und § 132 AktG aber bereits vor. Wegen der gerade geschilderten Vergleichbarkeit der Situationen kann dieses Verfahren deshalb analog auf den hier hergeleiteten Anspruch angewandt werden.

[314] *Hüffer*, § 132 Rdnr.6.

## E. Rechtsfolge missbräuchlicher Informationsverwendung

Fraglich ist, welche Rechtsfolgen ausgelöst werden, wenn die für die Due Diligence notwendigen Informationen an den Aktionär erteilt worden sind, alle Maßnahmen zur Risikobegrenzung aber nicht ausgereicht haben sondern stattdessen der Erwerbsinteressent nach Abbruch der Kaufverhandlungen die Informationen zum Schaden der Gesellschaft verwendet.

### I. Ansprüche gegen den Erwerbsinteressenten

Gegen den Erwerbsinteressenten kommen jedenfalls deliktische Ansprüche der Gesellschaft aus § 823 Abs. 1 BGB wegen Verletzung des Rechts am eingerichteten und ausgeübten Gewerbebetrieb sowie aus § 826 BGB in Betracht, denn die missbräuchliche Verwendung von Betriebsgeheimnissen der Zielgesellschaft – etwa durch die Kenntnis eines Wettbewerbers von der Unternehmensstrategie und die zielgerichtete Ausnutzung dieser Informationen – richtet sich unmittelbar gegen ihren Gewerbebetrieb und stellt nicht nur eine bloße Belästigung oder sozialübliche Behinderung[315] dar.

In der Regel wird die Gesellschaft mit dem potenziellen Erwerber zudem eine Geheimhaltungsvereinbarung geschlossen haben. Neben die zuvor genannten deliktischen Ansprüche treten in einem solchen Fall bei Verletzung der Geheimhaltungspflicht noch Schadensersatzansprüche gegen den Erwerbsinteressenten wegen Verletzung der Geheimhaltungsvereinbarung, §§ 280 Abs. 1, 241 Abs. 2 BGB.

---

[315] So die Anforderungen der Rechtsprechung für einen betriebsbezogenen Eingriff: vgl. *BGHZ* 29, 65 (69); 69, 128 (139); zustimmend *Thomas*, in: Palandt, § 823 Rdnr. 21 und 161; beachte aber auch die Kritik der Literatur, dass diese Kriterien zu unbestimmt bzw. zu weit seien: *Mertens*, in: MüKo BGB, § 823 Rdnr. 491; *Zeuner*, in: Soergel, § 823 Rdnr. 109 ff. jeweils mwN.

## II. Ansprüche gegen den Großaktionär

Die Ansprüche gegen den Erwerbsinteressenten werden sich womöglich nur schwer durchsetzen lassen, etwa weil der Schädiger seinen Sitz im Ausland hat. Außerdem wird die Gesellschaft kein Interesse haben, das Risiko der Zahlungsunfähigkeit des Schädigers zu tragen. Deshalb ist von besonderem Interesse, welche Ansprüche die Gesellschaft bei einem Informationsmissbrauch durch den Erwerbsinteressenten gegen den Großaktionär hat, der die Due Diligence angeregt hat.

Anspruchsgrundlage für einen derartigen Anspruch wäre §§ 280 Abs. 1, 241 Abs. 2 BGB in Verbindung mit der gesellschaftsvertraglichen Treuepflicht. Dem Großaktionär müsste also eine Treuepflichtverletzung vorzuwerfen sein, damit er auf Schadensersatz in Anspruch genommen werden kann.

Zunächst wird man ihm nicht allein die Tatsache vorwerfen können, dass er die Informationsoffenbarung beansprucht und so förmlich „den Stein ins Rollen gebracht" hat. Denn allein in der Geltendmachung eines **berechtigten** Anspruchs kann keine Pflichtverletzung gesehen werden.

Eine Treuepflichtverletzung kann aber dann bejaht werden, wenn der Großaktionär es schuldhaft im Sinne des § 276 BGB unterlässt, dafür Sorge zu tragen, dass der Erwerbsinteressent mit der Gesellschaft vor Offenbarung der Informationen eine Geheimhaltungsvereinbarung abschließt. Eine Pflicht, darauf hinzuwirken, wird man in der Treuepflicht verankert sehen müssen. Denn wenn der Großaktionär ausnahmsweise mit dem zuvor skizzierten Anspruch privilegiert wird, so treffen ihn auch gesteigerte Treuepflichten. Allerdings träfe die Gesellschaft bei Nichtabschluss einer Geheimhaltungsvereinbarung ein Mitverschulden gemäß § 254 Abs. 1 BGB, da es dem Vorstand als ihrem Leitungsorgan obliegt, im Falle einer Due Diligence ihre Geheimnisse so effektiv wie möglich zu schützen und selbst den Abschluss einer Geheimhaltungsvereinbarung voranzutreiben.

Einen unbeschränkten Schadensersatzanspruch wird man jedoch dann bejahen können, wenn der Großaktionär Kenntnis davon hatte, dass der potenzielle Erwerber einen Missbrauch der Informationen beabsichtigt bzw. dem Großaktionär Tatsachen bekannt sind, die eine solche Vermutung nahe legten. Hatte er ein derartiges überlegenes Wissen und hat er es unterlassen, dieses umgehend der Gesellschaft zu offenbaren, so hat der Großaktionär seine Treuepflicht verletzt, was im Falle eines Informationsmissbrauchs durch den Erwerbsinteressenten einen Anspruch aus §§ 280 Abs. 1, 241 Abs. 2 nach sich zieht.

War der Aktionär hingegen in gutem Glauben, so scheidet eine Treuepflichtverletzung und damit ein Schadensersatzanspruch aus, denn für eine verschuldensunabhängige Garantiehaftung besteht kein Anlass.

Hat der Paketaktionär schließlich im Zuge der Due Diligence selbst Informationen erhalten, so ist ihm natürlich ebenfalls ein Missbrauch der Daten, also eine Verwendung zu anderen Zwecken als der Anteilsveräußerung, nicht gestattet. Ein Verstoß zöge gleichermaßen einen Schadensersatzanspruch der Gesellschaft wegen Verletzung der gesellschaftsvertraglichen Treuepflicht aus §§ 280 Abs. 1, 241 Abs. 2 BGB nach sich.

## F. Gleichbehandlung der übrigen Aktionäre?

Wenn dem Großaktionär hier ein Anspruch auf Unterstützung einer Due Diligence zugestanden wird, so stellt sich die Frage, ob die in der Gesellschaft verbleibenden Aktionäre nicht einen ebensolchen Informationsanspruch haben müssen. Dieser Gedanke muss vor dem Hintergrund zweier Aspekte aufgegriffen werden, einmal angesichts des aktienrechtlichen Gleichbehandlungsgrundsatzes in § 53a AktG und zum anderen angesichts des Auskunftsanspruchs des § 131 Abs. 4 AktG.

## I. § 53a AktG

Die Gewährung des beschriebenen Informationsanspruchs gegenüber einem Großaktionär könnte eine gegen § 53a AktG verstoßende unzulässige Ungleichbehandlung von Aktionären darstellen. Dass eine Ungleichbehandlung vorliegt, wenn ein Aktionär bevorzugt wird, ist offensichtlich. Fraglich ist allein, ob diese unzulässig ist. Eine Ungleichbehandlung kann nämlich nicht allein durch den Umstand gerechtfertigt werden, dass ein Anteilseigner Großaktionär ist. Vielmehr muss es dafür einen sachlichen Grund geben[316].

Die Ungleichbehandlung liegt in der hier beschriebenen Situation aber nicht in der Stellung des Aktionärs als Großaktionär begründet. Sondern sie erklärt sich dadurch, dass das zu veräußernde Paket[317] unternehmerischen Charakter hat und deswegen kaum veräußerbar ist. Ausschließlich wegen der drohenden „faktischen Vinkulierung" hat der Paketaktionär einen Anspruch auf Unterstützung der Due Diligence und nicht wegen seiner Stellung als Großaktionär.

Eine „faktische Vinkulierung" droht aber weder Kleinaktionären noch anderen nicht unternehmerisch beteiligten Aktionären.

Bei der Veräußerung einiger Aktien eines Kleinaktionärs, im Regelfall über die Börse, sind keine zusätzlichen Informationen zur Veräußerung notwendig. Denn dann verkörpert die Aktie für den Aktionär lediglich eine Kapitalanlage, für die sich regelmäßig ein realistischer Marktpreis an einer Börse bildet. Auch wenn es sich um wenig (oder an einer Börse überhaupt nicht) gehandelte Aktien handelt und daher die Bildung eines fairen Marktpreises gefährdet ist, manifestiert sich lediglich ein Risiko, das dem *Wertpapier* Aktie grundsätzlich immanent ist. Eine Due Diligence benötigt ein Kleinaktionär aber für die Veräußerung seiner Aktie nicht. An den Veräußerungsschwierigkeiten würde sich dadurch insbesondere nichts

---

316 *LG Köln*, BB 1980, 1288 (1289); *Hüffer*, § 53a Rdnr. 10.

317 Allein auf dieses kommt es an und nicht darauf, wie umfangreich der Aktionär derzeit noch beteiligt ist. Bsp: bei der Veräußerung eines 10%-Pakets durch einen zu 60% beteiligten Aktionär, wäre ausschließlich auf das 10%-ige Paket und dessen Qualifizierung als „unternehmerisch" abzustellen.

ändern, denn die Due Diligence dient ja lediglich der Bewertung und Risikoabschätzung hinsichtlich einer „unternehmerischen Beteiligung", um die es sich bei den wenigen Aktien eines Kleinaktionärs gerade nicht handelt[318].

Dieselben Erwägungen können gelegentlich (!) auch für einen Großaktionär zutreffen. So sind zum Beispiel Investmentfondgesellschaften ebenso wie der Kleinaktionär meist „nur" an einer attraktiven Verzinsung ihres eingesetzten Kapitals interessiert und haben häufig keine Beteiligung, der ein unternehmerisches Moment anhaftet und der deswegen eine „faktische Vinkulierung" drohen würde. Auch derartige Aktionäre können keine Gleichbehandlung nach § 53a AktG verlangen, da ihnen gegenüber ein sachlicher Grund für die Ungleichbehandlung besteht. Nur wenn es sich bei einem zu veräußernden Aktienpaket ebenfalls um eine „unternehmerische Beteiligung" handelt, besteht ein Anspruch auf Gleichbehandlung.

Folglich kann der nicht unternehmerisch beteiligte Aktionär nicht unter dem Gesichtspunkt des § 53a AktG eine Offenbarung derselben Informationen an sich verlangen, wie der unternehmerisch beteiligte Paketaktionär diese im Wege der Due Diligence erhalten hat.

## II. § 131 Abs. 4 AktG

Auch in der in diesem zweiten Teil der Untersuchung behandelten Konstellation haben die in der Gesellschaft verbleibenden Aktionäre keinen Anspruch aus § 131 Abs. 4 AktG darauf, die Due-Diligence-Informationen zu erhalten, die der Großaktionär bekommen hat.

Dieser hat die Informationen zwar „in seiner Eigenschaft als Aktionär" erhalten. Die Norm ist aber, wie bereits in Teil 1 ausgeführt[319], dahingehend teleologisch zu reduzieren, dass eine Informationsoffenbarung an die anderen Aktionäre nur

---

318 Vgl. zur Qualifikation als „unternehmerische Beteiligung" schon C II 1 a) oben und zur Frage, ab welcher Quote die Due Diligence zulässig sein soll, C IV oben.

319 Siehe oben: Teil 1, B II 2, dort v.a. c) cc).

dann zu erfolgen hat, wenn in der Information des bevorzugten Aktionärs außerhalb der Hauptversammlung eine sachlich nicht gerechtfertigte Ungleichbehandlung zu sehen ist. Dies folgt daraus, dass § 131 Abs. 4 AktG Ausfluss des allgemeinen aktienrechtlichen Gleichbehandlungsgrundsatzes in § 53a AktG ist.

Da der Anspruch auf die Due Diligence ausschließlich daran gekoppelt ist, dass einer unternehmerischen Beteiligung im Gegensatz zu allen anderen Beteiligungen an einer AG eine „faktische Vinkulierung" droht, ist auch die Ungleichbehandlung der Aktionäre insoweit sachgerecht.

Folglich haben die verbleibenden Aktionäre wegen der teleologischen Reduktion des § 131 Abs. 4 AktG keinen Anspruch auf dieselben Informationen in der Hauptversammlung. Aus denselben Erwägungen ist aber ein anderer unternehmerisch beteiligter Aktionär wie soeben dargelegt nach § 53a AktG gleich zu behandeln.

## G. Annex zu Teil 2: Sonderkonstellationen

Im Anschluss sollen einige Sonderkonstellationen angesprochen werden, welche möglicherweise Einfluss auf den hergeleiteten Informationsanspruch oder die rechtlichen Konsequenzen der missbräuchlichen Verwendung erlangter Informationen haben könnten.

### I. Erwerbsinteressent bereits Aktionär

Zunächst stellt sich die Frage, welche Folge der Umstand haben könnte, dass der potenzielle Erwerber der Beteiligung bereits Aktionär der Gesellschaft ist, **ohne** in einer (faktischen) Konzernbeziehung zur Gesellschaft zu stehen.

### 1. Informationsanspruch

In diesem Zusammenhang wäre vor allem denkbar, dass ein Offenbarungsanspruch unmittelbar aus der Rechtsbeziehung des potenziellen Erwerbers zur AG folgt. Dieser Gedanke kann aber letztlich nicht greifen. Denn wesentlicher Grund für einen Informationsanspruch des veräußerungswilligen Aktionärs ist ja die Tatsache, dass dieser wegen der drohenden faktischen Vinkulierung seiner Beteiligung ein – gegenüber seinen Mitaktionären gesteigertes – legitimes Informationsbedürfnis hat.

Ein solches legitimes Informationsbedürfnis hat ein erwerbsinteressierter Aktionär indes nicht, denn ihm droht keine Situation, welche das Aktienrecht verhindern will. Der Grundsatz der freien Übertragbarkeit soll gewährleistet und demgemäß ein Einmauern in der Gesellschaft verhindert werden. Das entgegengesetzte Interesse eines Aktionärs, nämlich seinen Anteil aufstocken zu wollen, ist aber weder unmittelbar noch mittelbar durch aktienrechtliche Prinzipien privilegiert.

### 2. Rechtsfolge missbräuchlicher Informationsverwendung

Fraglich ist, ob den erwerbsinteressierten Aktionär – sollte er mit der Gesellschaft keine Geheimhaltungsvereinbarung abgeschlossen haben – eine Schadensersatzpflicht wegen Verletzung der gesellschaftsvertraglichen Treuepflicht aus §§ 280 Abs. 1, 241 Abs. 2 BGB trifft, wenn er Informationen, die er im Rahmen einer Due Diligence erlangt hat, missbräuchlich verwendet.

Dagegen könnte sprechen, dass er mangels eigenen Informationsanspruchs die Informationen ja nicht innerhalb des Rechtsverhältnisses Gesellschaft–Aktionär erhalten hat. Allerdings beinhaltet die Treuepflicht eines Aktionärs grundsätzlich, unternehmensgefährdende Einwirkungen auf die Gesellschaft zu unterlassen[320]. Diese Verpflichtung gilt unabhängig von bestimmten Tatbestandsmerkmalen, setzt also im konkreten Fall insbesondere nicht voraus, dass Geschäftsgeheim-

[320] *Hüffer*, § 53a Rdnr. 19; *Werner*, in: FS Semler, 149 (424); dies andeutend: *Krieger*, in: MünchHdb AG, § 69 Rdnr. 18.

nisse der Gesellschaft nur dann geheim zu halten und nicht zum Schaden der Gesellschaft zu verwenden sind, wenn sie innerhalb des Rechtsverhältnisses Gesellschaft–Aktionär erlangt worden sind. Verwendet der Aktionär also Due-Diligence-Informationen nicht für die mit der Offenbarung verfolgten Zwecke (= Vorbereitung des Kaufvertrages), sondern zum Schaden der Gesellschaft, so verletzt er insofern seine Treuepflicht und macht sich schadensersatzpflichtig wegen Verletzung der gesellschaftsvertraglichen Treuepflicht, §§ 280 Abs. 1, 241 Abs. 2 BGB

### 3. Informationsanspruch verbleibender Aktionäre

Auch in der Konstellation, in der einem potenziellen Erwerber die Due Diligence gestattet wird, der bereits Aktionär der Gesellschaft ist, besteht kein Anspruch der übrigen Aktionäre auf Gewährung derselben Informationen aus § 131 Abs. 4 AktG. Denn auch hier erhalten weder der potenzielle Erwerber noch der Veräußerer die Informationen „in ihrer Eigenschaft als Aktionär". Der Veräußerer erhält die Informationen wegen des hergeleiteten „außerordentlichen" Anspruchs gegen die Gesellschaft. Die mittelbare Informationserlangung durch den Erwerbsinteressenten, der ebenfalls Aktionär ist, geschieht insofern in seiner Eigenschaft als Erwerbsinteressent[321] und nicht auf Grund seiner Aktionärseigenschaft, welche ihm ja, wie soeben ausgeführt, keinen individuellen Anspruch auf Herausgabe von Due-Diligence-Informationen gibt.

## II. (faktisches) Konzernverhältnis zwischen Veräußerer und Zielgesellschaft

Änderungen der im zweiten Teil gemachten Ausführungen könnten sich weiterhin ergeben, wenn zwischen Gesellschaft und veräußerungswilligem Aktionär ein vertragliches Konzernverhältnis im Sinne des § 291 Abs. 1 Satz 1, 1. Alt. AktG oder aber zumindest ein faktisches Konzernverhältnis besteht.

---

[321] So auch: *Hoffmann-Becking*, in: MünchHdb AG, § 37 Rdnr. 19.

## 1. Informationsanspruch

Das Aufwerfen der Frage nach einem Informationsanspruch unter konzernrechtlichen Aspekten erscheint auf den ersten Blick als wenig weiterführend. Schließlich wurde ein solcher im zweiten Teil bereits bejaht. Dennoch gibt es für hierfür zwei Gründe. Nach obigen Ausführungen hat nämlich zum einen der zwar mit mehr als 50 %, jedoch mit weniger als 75 % beteiligte Aktionär in einigen Fällen nur einen eingeschränkten Anspruch auf Unterstützung der Due Diligence („Management Due Diligence"), so dass zu fragen ist, ob sich ein Anspruch auf eine „volle" Due Diligence aus einer anderen Rechtsgrundlage ergeben kann. Zum anderen mag eine Konzernmutter lediglich die Veräußerung eines Teils einer Beteiligung beabsichtigen, ohne dass dieser die aufgestellten Quoten erreicht, die einen Anspruch auf Due Diligence auslösen.

Im Vertragskonzern hat der Vorstand des herrschenden Unternehmens das Recht, dem Vorstand des abhängigen Unternehmens im Hinblick auf die einheitliche Leitung des Konzerns Weisungen zu erteilen, § 308 Abs. 1 AktG, denen der Vorstand der abhängigen Gesellschaft nach § 308 Abs. 2 AktG auch Folge zu leisten hat. Im Grunde ist unstreitig, dass eine solche Weisung auch auf die Herausgabe von Geschäfts- oder Betriebsgeheimnissen gerichtet sein kann[322].

Dennoch ist im Zusammenhang mit der Due Diligence geäußert worden, dass eine solche Informationsherausgabe von dem Anspruch aus § 308 Abs. 1 AktG nicht gedeckt sei, da es sich bei der Veräußerung der Beteiligung nicht um eine Maßnahme der Konzernleitung, sondern um die Verfolgung von Eigentums- und Vermögensinteressen des Großaktionärs handele[323]. Dem wird entgegengehalten, dass die konzernrechtliche Sonderbeziehung noch bis zu ihrer Beendigung fortbestehe und deshalb § 308 Abs. 1 AktG auch dazu ermächtige, Weisungen hinsichtlich einer Due Diligence zu erteilen[324]. Der zweiten Ansicht ist zuzustimmen. Denn auch in der Veräußerung einer Beteiligung, etwa im Zuge einer Um-

---

[322] *Eckhardt*, in: Geßler/Hefermehl, § 131 Rdnr. 147; *Decher*, ZHR 158 (1994), 473 (489); *Lutter*, ZIP 1997, 613 (616); *Treeck*, in: FS Fikentscher, 434 (448).
[323] *Lutter*, ZIP 1997, 613 (616-617).
[324] *Decher*, ZHR 158 (1994), 473 (489); *Treeck*, in: FS Fikentscher, 434 (449).

strukturierung, kann eine Leitungsmaßnahme gesehen werden, was insbesondere dann einleuchtend ist, wenn es um das bloße „Umhängen" einer Beteiligung oder die Veräußerung eines Teils einer Beteiligung geht. Für das abhängige Unternehmen mag sich die Weisung, Due-Diligence-Informationen herauszugeben, zwar als letzte Leitungsmaßnahme darstellen, doch dies ändert nichts an ihrem Charakter als Leitungsmaßnahme, mit der Konsequenz, dass eine derartige Weisung auch nach § 308 Abs. 2 AktG zu befolgen ist.

Im faktischen Konzern besteht ein besonderer Informationsanspruch des herrschenden Unternehmens dagegen nicht. Die §§ 311 ff. AktG tragen zwar den Funktionsbedingungen der einheitlichen Leitung des faktischen Konzerns Rechnung, geben dem herrschenden Unternehmen aber kein Weisungsrecht und entbinden den Vorstand der abhängigen Gesellschaft auch nicht davon, in eigener Leitungsverantwortung nach § 76 Abs. 1 AktG darüber zu entscheiden, ob der Veranlassung des herrschenden Unternehmens zu einer für die abhängige Gesellschaft nachteiligen Maßnahme zu folgen ist oder nicht[325].

## 2. Verlustausgleich/Nachteilsausgleich/Schadensersatz

Im Vertragskonzern besteht nach § 302 AktG die Pflicht der herrschenden Gesellschaft, während der Vertragsdauer entstandene Jahresfehlbeträge auszugleichen. Das gilt gleichermaßen für solche, die auf Grund missbräuchlicher Informationsverwendung entstanden sind. Aber auch sofern es nicht zu einem Jahresfehlbetrag gekommen ist, bleibt es bei dem schon im Ausgangsfall dargelegten Anspruch wegen Verletzung der gesellschaftsvertraglichen Treuepflicht, §§ 280 Abs. 1, 241 Abs. 2 BGB, wenn der Missbrauch von Informationen wegen treuewidrigen Verhaltens des Aktionärs (= herrschende Gesellschaft) zu einem Schaden bei der Gesellschaft führt. Ferner sind die Vorstandsmitglieder der herrschenden Gesellschaft und die Verwaltungsmitglieder der abhängigen Gesellschaft persönlich schadensersatzpflichtig nach §§ 309 Abs. 2, 310 Abs. 1 Satz 1 AktG, wenn sie bei der Weisung respektive deren Erfüllung die Sorgfalt eines ordentlichen Kaufmanns nicht beachtet haben. War also zu diesem Zeitpunkt schon erkennbar, dass die Informationen missbräuchlich verwendet würden, so besteht diese Haftung, wenn trotz dieser Kenntnis bzw. Erkennbarkeit gehandelt worden ist.

Im faktischen Konzern dürfen nachteilige Maßnahmen ohnehin nur ausgeführt werden, wenn der Nachteil quantifizierbar ist, § 311 AktG, und deshalb ausgeglichen werden kann. Im Hinblick auf eine Due Diligence erscheint dies schwierig. Zwar ist sie als nachteilige Maßnahme iSd § 311 AktG zu qualifizieren, da sie – isoliert betrachtet, also ohne die Anteilsübertragung – erhebliche Risiken für das Unternehmen ohne entsprechende Chancen mit sich bringt[326]. Zum Nachteilsausgleich geeignet ist eine Maßnahme jedoch nur dann, wenn der Nachteil bewertbar ist[327].

Die Bewertung des Nachteils einer Due Diligence dürfte kaum möglich sein. Zwar mag etwa der Personal- und Sachaufwand bewertbar sein, der dem abhängigen Unternehmen durch die Due Diligence entsteht. Das Risiko missbräuchlicher Verwendung der Informationen durch einen abgesprungenen Erwerbsinteressenten hat jedoch finanzielle Auswirkungen auf die Gesellschaft nur und erst dann, wenn es sich tatsächlich realisiert. Vorher wird es sich zahlenmäßig nicht in einer bilanzierbaren Position fassen lassen. Und selbst im Falle des Informationsmissbrauchs hängt der zu erwartende Schaden davon ab, welche Informationen konkret zu welchem Zweck verwendet werden. Zum Zeitpunkt der Veranlassung der Due Diligence durch das herrschende Unternehmen sind diese Szenarien aber nicht vorhersagbar und somit auch nicht finanziell fassbar, da sie zu sehr in der Zukunft liegen, nahezu die gesamte Geschäftstätigkeit umfassen und der prospektive Schaden von vielen unterschiedlichen Faktoren, vor allem der Dauerhaftigkeit und Intensität der Schädigung, abhängig ist.

---

[325] *Habersack*, in: Emmerich/Habersack, § 311 Rdnr. 50; *Hüffer*, § 311 Rdnr. 48; *Kropff*, in: MüKo AktG, § 311 Rdnr. 281.
[326] So die Definition der „nachteiligen Maßnahme" bei *Hüffer*, § 311 Rdnr. 34 aE.
[327] *Hüffer*, § 311 Rdnr. 39,

Im Ergebnis wird daher die Due Diligence mangels Quantifizierbarkeit des Nachteils im faktischen Konzern nicht weiter gehen dürfen als der Anspruch, den der Paketaktionär nach dem Ergebnis dieses zweiten Teils der Untersuchung ohnehin schon hat.

### 3. Informationsanspruch verbleibender Aktionäre

Fraglich ist, ob die Informationsherausgabe an das herrschende Unternehmen einen Informationsanspruch der verbleibenden Aktionäre gemäß § 131 Abs. 4 AktG nach sich zieht. Dies wird zwar von *Lutter* bejaht, der in der Weisung bzw. Veranlassung zur Informationsherausgabe keine Leitungsmaßnahme sieht[328], ist im Ergebnis jedoch zu verneinen. Denn die Information des herrschenden Unternehmens erfolgt mit obiger Argumentation nicht „in der Eigenschaft als Aktionär", sondern in der Eigenschaft als Konzernmutter.

## III. (faktisches) Konzernverhältnis zwischen Erwerbsinteressent und Zielgesellschaft

Eine Kombination der Ergebnisse zum ersten und zum zweiten Sonderfall ergibt sich für den Fall, dass zwischen Erwerbsinteressent und Gesellschaft ein vertragliches oder faktisches Konzernverhältnis besteht.

### 1. Informationsanspruch

Beim Vertragskonzern gibt es einen direkten und umfassenden Informationsanspruch der Konzernmutter aus § 308 Abs. 1 AktG. Im faktischen Konzern besteht, wie ausgeführt, kein Weisungsrecht und damit auch kein unmittelbarer Informationsanspruch. Die Konzernmutter im faktischen Konzern muss sich also an den veräußerungswilligen Aktionär halten, der seinerseits den im zweiten Teil dargelegten abgestuften Informationsanspruch gegen die Gesellschaft hat.

---

[328] *Lutter*, ZIP 1997, 613 (618).

## 2. Verlustausgleich/Nachteilsausgleich/Schadensersatz

Die Verlustausgleichs-, Schadensersatz- und Nachteilsausgleichsansprüche bestehen wie in der zuletzt skizzierten Konstellation nach den allgemeinen konzernrechtlichen Regeln, sofern die Due Diligence auf Grund direkter Veranlassung durch die Konzernmutter erfolgt ist und das herrschende Unternehmen nicht den Weg über den veräußerungswilligen Aktionär und dessen Anspruch gegen die Gesellschaft gewählt hat. Denn im letzteren Fall stellt sich die Due Diligence nicht als Maßnahme der Konzernleitung dar.

Auch dann zöge jedoch eine missbräuchliche Informationsverwendung durch das herrschende Unternehmen eine Schadensersatzpflicht wegen Verletzung der gesellschaftsvertraglichen Treuepflicht aus §§ 280 Abs. 1, 241 Abs. 2 BGB nach sich, da der Missbrauch jedenfalls treuwidrig wäre. Dieser Anspruch richtete sich vor allem gegen den *erwerbsinteressierten* Aktionär, da dieser – abgesehen von zulässigen Konzernleitungsmaßnahmen – verpflichtet ist, alles zu unterlassen, was der Gesellschaft schadet. Und das wäre bei einem Missbrauch der zum Zwecke der Due Diligence erlangten Informationen der Fall. Im Falle einer durch den *veräußerungswilligen* Aktionär veranlassten Due Diligence träfe diesen wiederum eine Schadensersatzpflicht nur, wenn er sich der Gesellschaft gegenüber pflichtwidrig verhalten hat, also beispielsweise überlegenes Wissen bezüglich einer konkreten Missbrauchsgefahr nicht offenbart hat.

## 3. Informationsanspruch verbleibender Aktionäre

Da die Informationserlangung in dieser Konstellation entweder in der Eigenschaft als Konzernmutter oder aber mittelbar über den veräußerungswilligen Aktionär erfolgte und nicht „in der Eigenschaft als Aktionär", würde die Due Diligence auch keinen Anspruch der übrigen Aktionäre aus § 131 Abs. 4 AktG nach sich ziehen.

# TEIL 3: ZUSAMMENSCHAU – OFFENBARUNGSBEFUGNIS DES VORSTANDS *NEBEN* DEM INFORMATIONSANSPRUCH DES AKTIONÄRS?

Die beiden Hauptteile bedürfen vor einem Gesamtergebnis noch einer abschließenden Zusammenschau. Denn sie scheinen sich zu widersprechen. Wenn schon ein Paketaktionär mit dem im zweiten Teil gewonnenen Ergebnis einen Anspruch auf Unterstützung einer Due Diligence hat, so fragt sich, wo dann noch Platz für eine Ermessenentscheidung des Vorstandes bleibt, die im ersten Teil zum Gegenstand der Untersuchung gemacht worden ist. Denn in all den Fällen, in denen ein Aktionär einen Anspruch gegen die Gesellschaft hat, reduziert sich das Ermessen des Vorstandes, über die Offenbarung der für die Due Diligence benötigten Informationen zu entscheiden, zugunsten des Aktionärs auf Null.

Dennoch bleibt neben dem Anspruch des Paketaktionärs auf Unterstützung einer Due Diligence noch Raum für die im ersten Teil behandelte Vorstandsentscheidung über die Gestattung oder Nichtgestattung einer Due Diligence. Wann dies der Fall sein kann, soll nachfolgend kurz skizziert werden.

## I. Asset Deal

Zunächst widersprechen sich die beiden Hauptteile nicht im Hinblick auf den Asset Deal. Denn Vertrags- und Verhandlungspartner sind hier der Erwerbsinteressent und die Gesellschaft. Ein etwaiger Großaktionär ist in die Gespräche regelmäßig nicht involviert. Mit dem im zweiten Teil hergeleiteten Informationsanspruch des Paketaktionärs kann es in diesem Bereich also zu gar keinem Widerspruch kommen. Vielmehr bleibt es bei der Abwägungsentscheidung des Vorstandes darüber, ob die Veräußerung von Aktiva und Passiva der Gesellschaft Vorteile mit sich bringt und welche Nachteile – inklusive der Risiken der Due Diligence – dem entgegenstehen.

## II. Über den Anspruch hinausgehendes Auskunftsbegehren

Raum für eine Ermessensentscheidung des Vorstandes bleibt aber auch beim Share Deal. Es kann nämlich zu Situationen kommen, in denen der Erwerbsinteressent mehr Informationen haben möchte, als dem Paketaktionär zustehen.

So besteht nach der hier vertretenen Ansicht überhaupt kein Anspruch des Paketaktionärs gegen die Gesellschaft auf Unterstützung einer Due Diligence, wenn sein Aktienpaket weniger als 5% des Grundkapitals ausmacht[329]. Gleichwohl mag der Vorstand auch bei einer so kleinen Beteiligungsquote eine Due Diligence unterstützen wollen. Das kann beispielsweise dann der Fall sein, wenn die Gesellschaft ein Interesse daran hat, eine strategische Partnerschaft mit einem anderen Unternehmen nicht nur vertraglich einzugehen, sondern sie auch mit Hilfe gesellschaftsrechtlicher Beziehungen zu manifestieren. In einem solchen Fall hat der Vorstand die Möglichkeit, über die Due Diligence nach den im ersten Teil der Untersuchung aufgestellten Grundsätzen zu entscheiden und trotz Fehlen eines Anspruchs des Großaktionärs die Due Diligence zu unterstützen, weil er sich von dem neuen Aktionär Vorteile für die Gesellschaft verspricht und diese Vorteile gegenüber den durch die Due Diligence verursachten Risiken überwiegen.

Ähnliche Erwägungen kommen in Betracht, wenn ein Erwerbsinteressent eine vollständige Due Diligence durchführen möchte, der Paketaktionär von der Gesellschaft aber nur eine sogenannte Management Due Diligence verlangen kann[330]. Auch hier ist es dem Vorstand gestattet, eine vollständige Due Diligence zuzulassen, wenn er sich für die Gesellschaft Vorteile durch den neuen Aktionär oder die reibungslose Abwicklung der Transaktion verspricht und diese Vorteile gegenüber den durch die Due Diligence verursachten Risiken überwiegen.

---

[329] Vgl. dazu Teil 2, C IV 1.
[330] Vgl. dazu Teil 2, C IV 2.

### III. Ausgabe/Veräußerung von Aktien durch die Gesellschaft

Schließlich bleibt es bei einer eigenständigen Ermessensentscheidung des Vorstandes gemäß dem im ersten Teil gewonnenen Ergebnis im Falle von Pakettransaktionen, an denen die Gesellschaft selbst – jedoch keiner der Aktionäre – unmittelbar beteiligt ist.

So kann die Gesellschaft eigene Aktien aus einem Akteinrückkauf nach § 71 Abs. 1 Nr. 8 AktG halten. Auch kann der Vorstand das Recht haben, das Kapital im Rahmen von genehmigtem Kapital gemäß § 202 Abs. 1 AktG unter Ausschluss des Bezugsrechts der aktuellen Aktionäre, §§ 203 Abs. 1, 186 Abs. 3 AktG, zu erhöhen.

In beiden Fällen ist die Gesellschaft in der Lage, ein Aktienpaket von bis zu 10% des Grundkapitals an einen Erwerbsinteressenten als Paket zu veräußern bzw. auszugeben. Wenn dieser eine Due Diligence verlangt, kann der Vorstand mit den in Teil 1 gemachten Erwägungen über die Gestattung der Due Diligence entscheiden. Vorteile der Gesellschaft mögen sich in einer solchen Konstellation etwa aus einer Überkreuzbeteiligung mit einem anderen Unternehmen und die dadurch manifestierte enge Bindung zu diesem Unternehmen ergeben.

# Gesamtergebnis

Die Ergebnisse der vorliegenden Untersuchung lassen sich wie folgt zusammenfassen:

**I. Teil 1**

1. Beim Asset Deal liegt die Entscheidung über die Durchführung einer Due Diligence völlig in der Leitungsverantwortung des Vorstandes, § 76 Abs. 1 AktG. Kommt dieser zu dem Ergebnis, dass die Gesamttransaktion im Interesse der Gesellschaft liegt und dass sich die Risiken der Due Diligence durch Maßnahmen zum Geheimnisschutz begrenzen lassen, so steht der Durchführung der Due Diligence nichts im Wege.

2. a) Beim Share Deal ist zunächst festzuhalten, dass die Offenbarung von Geschäftsgeheimnissen im Rahmen der Due Diligence entgegen der Auffassung *Lutters* nicht grundsätzlich unzulässig ist. Die Rechtswirklichkeit kennt nämlich bereits vergleichbare Situationen, in denen eine ebenso detaillierte Offenbarung rechtmäßig ist. Die dort gewonnenen Erkenntnisse lassen sich im Wesentlichen auf die hier untersuchte Konstellation übertragen.

b) § 93 Abs. 1 Satz 2 AktG verlangt für eine zulässige Offenbarung von Geschäftsgeheimnissen eine Abwägung des Vorstandes zwischen dem Geheimhaltungsinteresse der Gesellschaft und dem objektiven Gesellschaftsinteresse an der Informationsoffenbarung. Bei der Abwägung darf der Vorstand die Gesamttransaktion nicht außer Acht lassen. Liegt sie im Gesellschaftsinteresse und lassen sich die Risiken der Due Diligence durch entsprechende Maßnahmen zum Geheimnisschutz begrenzen, so ist die Due Diligence zulässig.

c) Da der Begriff des Gesellschaftsinteresses hier in seiner gesamten Pluralität verstanden wird (Interessen von Aktionären, Arbeitnehmern, Gesamtwirtschaft), können sehr vielfältige Faktoren wie etwa Synergieeffekte, die Aussicht auf neues

Kapital, Kurseffekte, das Interesse der Gesellschaft an einer raschen Veräußerung, durch die Transaktion drohende Risiken oder andere Kriterien die Abwägung des Vorstandes in die eine oder andere Richtung beeinflussen.

d) Die Weitergabe von Informationen im Rahmen einer Due Diligence führt nicht zu einem Anspruch der verbleibenden Aktionäre gemäß § 131 Abs. 4 AktG auf Herausgabe derselben Informationen an sie. Insbesondere verbietet sich ein solcher Anspruch aus objektiv-teleologischen Gesichtspunkten, denn eine unzulässige Ungleichbehandlung verbleibender Aktionäre liegt nicht vor. Lediglich ein anderer Paketaktionär kann verlangen, dass er in einer vergleichbaren Situation ebenfalls Hilfe im Wege der Due Diligence erhält.

3. Ferner liegt in der Weitergabe von Informationen im Rahmen der Due Diligence kein Verstoß gegen § 14 Abs. 1 Nr. 2 WpHG. Wesentlicher Grund hierfür ist, dass der Erwerb keine Kapitalmarktinteressen gefährdet.

**II. Teil 2**

1. Ein unternehmerisch beteiligter Großaktionär hat einen Anspruch gegen seine Gesellschaft auf Unterstützung der von einem Erwerbsinteressenten verlangten Due Diligence.

a) Der Anspruch findet seine Grundlage vor allem in dem allgemeinen verbandsrechtlichen Prinzip, dass jedes Verbandsmitglied die Informationen erhalten soll, welche es zur effektiven Ausübung seiner Mitgliedschaftsrechte benötigt. Zu diesen Mitgliedschaftsrechten gehört auch das Recht zur freien Disposition über den Geschäftsanteil.

b) Das Informationsbedürfnis des Großaktionärs ergibt sich daraus, dass für eine unternehmerische Beteiligung im Falle der Nichtdurchführung einer Due Diligence die Gefahr einer faktischen Vinkulierung besteht.

c) Eine derartige faktische Vinkulierung wäre nicht hinnehmbar, da selbst anerkannte Formen der Vinkulierung im Aktienrecht nur unter sehr strengen Voraussetzungen zulässig sind. Zudem hat auch der GmbH-Gesellschafter einen Anspruch auf Durchführung der Due Diligence. Mit diesem ist der unternehmerisch beteiligte Großaktionär im Wesentlichen vergleichbar.

d) Wegen der Risiken der Due Diligence und dem Interesse der Gesellschaft an einem ungestörten Geschäftsfortgang ist der Anspruch allerdings begrenzt. Erst ab einer bestimmten Beteiligungsquote (min. 50%) kann der unternehmerisch beteiligte Großaktionär die Durchführung einer vollumfänglichen Due Diligence verlangen. Unterhalb dieser Quote hat er lediglich einen Anspruch auf Durchführung einer sogenannten „Management Due Diligence“. Diese Einschränkung ist weniger inhaltlicher Natur. Sie beschränkt vielmehr den Personenkreis, der in die Due Diligence mit einbezogen werden darf, auf die Führungsebene der Gesellschaft. Erreicht der Aktionär nicht einmal eine Quote von 5%, so kann er die Due Diligence überhaupt nicht verlangen.

2. Der Anspruch des unternehmerisch beteiligten Großaktionärs ist mit dem „Informationserzwingungsverfahren“ analog §§ 51b GmbHG, 132 AktG durchsetzbar.

3. Für einen Missbrauch der Informationen durch den Erwerbsinteressenten haftet der Großaktionär gegenüber der Gesellschaft nur unter bestimmten Voraussetzungen wegen Verletzung der gesellschaftsvertraglichen Treuepflicht aus §§ 280 Abs. 1, 241 Abs. 2 BGB auf Schadensersatz.

4. Die verbleibenden Aktionäre haben auch in dieser Konstellation keinen Anspruch auf Erteilung derselben Informationen aus § 131 Abs. 4 AktG, da die Norm im Lichte des § 53a AktG teleologisch zu reduzieren ist und die verbleibenden Aktionäre lediglich aus sachlich gerechtfertigten Gründen ungleichbehandelt werden. Andere Großaktionäre können wiederum Gleichbehandlung verlangen.

5. In bestimmten – insbesondere konzernrechtlichen – Sonderkonstellationen sind die in diesem Zusammenhang üblichen aktienrechtlichen Anspruchsnormen und Haftungstatbestände zu beachten. Dabei muss berücksichtigt werden, dass die Due Diligence noch als Konzernleitungsmaßnahme angesehen werden kann, wenn auch als eine der letzten.

**III. Teil 3**

Zwischen den in den beiden Hauptteilen gewonnenen Ergebnissen besteht keine Disparität. Sichtbar wird dies vor allem in drei Konstellationen.

1. Zunächst behält der erste Teil für die Fälle des Asset Deals seine Gültigkeit.

2. Ferner ergibt eine Zusammenschau beider Hauptteile, dass es trotz des grundsätzlichen Anspruchs eines Paketaktionärs auf Due Diligence Situationen geben kann, in denen der Veräußerer ein „mehr" will, als ihm mit seinem Informationsanspruch eigentlich zusteht. Dann ist er auf die in Teil 1 skizzierte Ermessensentscheidung des Vorstands angewiesen.

3. Schließlich kann es, etwa bei der Platzierung von Aktien aus genehmigtem Kapital oder der Veräußerung von Aktien aus einem Aktienrückkauf, Situationen geben, bei denen die Aktien aus der Hand der Gesellschaft, nicht aber durch einen Großaktionär veräußert werden. Auch dort spielt der Anspruch aus Teil 2 keine Rolle.

Peter Lang · Europäischer Verlag der Wissenschaften

Mattias von Buttlar

## Haftungsrisiken beim Unternehmenskauf in den USA

### Successor Corporation Liability als Modell für eine Reform des § 25 HGB?

Frankfurt/M., Berlin, Bern, Bruxelles, New York, Oxford, Wien, 2002. 221 S.
Europäische Hochschulschriften: Reihe 2, Rechtswissenschaft. Bd. 3412
ISBN 3-631-39065-3 · br. € 35.30*

Die Frage nach der Kontinuität der Rechtsverhältnisse beim Wechsel des Unternehmensträgers stellt das deutsche Handels- und Gesellschaftsrecht vor große Herausforderungen. Anknüpfungspunkt hierfür ist die umstrittene ratio legis der §§ 25 und 28 HGB. Die Diskussion zur sachgerechten Verteilung der Haftungsrisiken beim Unternehmenskauf verläuft hierzulande inzwischen in weitgehend ausgetretenen Pfaden, wobei der Grenzverlauf zwischen streng juristischer und rechtspolitischer Argumentation immer undeutlicher zu werden droht. Durch eine Beleuchtung der *successor corporation liability* im US-amerikanischen Recht lassen sich Impulse und Denkanstöße für die in Deutschland festgefahrene Diskussion finden. Die Darstellung des amerikanischen Rechts steht daher im Zentrum der Arbeit. Die hierbei gewonnenen Erkenntnisse sprechen gegen die Einführung eines Konzepts der Haftungskontinuität in Deutschland.

*Aus dem Inhalt*: Haftungsrisiken beim Erwerb von Vermögensgegenständen in den USA · Traditionelle Nachfolgehaftung · Erweiterte Nachfolgehaftung im Produkthaftungs- und im Altlastenrecht · Nachfolgehaftung und Insolvenzrecht · Schutz vor Inanspruchnahme als Successor Corporation · Bewertung der erweiterten Nachfolgehaftung · Nachfolgehaftung im deutschen Recht · Continuity of Enterprise als Modell für eine Reform des § 25 HGB?

Frankfurt/M · Berlin · Bern · Bruxelles · New York · Oxford · Wien
Auslieferung: Verlag Peter Lang AG
Moosstr. 1, CH-2542 Pieterlen
Telefax 00 41 (0) 32 / 376 17 27

*inklusive der in Deutschland gültigen Mehrwertsteuer
Preisänderungen vorbehalten

**Homepage http://www.peterlang.de**

FSC
www.fsc.org
MIX
Papier | Fördert
gute Waldnutzung
FSC® C083411

Kolibri 360 GmbH
Ferdinand-Jühlke-Straße 7
99095 Erfurt, Deutschland
produktsicherheit@kolibri360.de

Druck:
CPI Druckdienstleistungen GmbH
im Auftrag der
Kolibri 360 GmbH
Ferdinand-Jühlke-Str. 7
99095 Erfurt